Ostseeküste
mit dem Wohnmobil

Blick vom Stellplatz Walkyrien

Torsten Berning

OSTSEEKÜSTE MIT DEM WOHNMOBIL

Die schönsten Routen von Schleswig-Holstein
bis Mecklenburg-Vorpommern

BRUCKMANN

Strand Sellin

INHALT

» FASZINATION OSTSEEKÜSTE

Camping
Darßer Ort

Stellplatz Camping Walkyrien Bliesdorf

Obwohl beide Bundesländer an der gleichen Küste liegen, kann die Ausprägung Schleswig-Holsteins und Mecklenburg-Vorpommerns in unseren Köpfen gar nicht unterschiedlicher sein. Gehörte doch der eine Teil mehr als vierzig Jahre nicht so wirklich in unser »Urlaubsportfolio«, während der andere, kleinere Teil schon immer eine feste Größe in unserer Planung war: Kieler Woche, Lübeck mit seinem Marzipan, die Strände von Damp oder die Ferieninsel Fehmarn ... Dann erweiterte sich 1990 der Horizont für uns um so klangvolle Namen wie Wismar und Stralsund. Auch die Inseln Rügen und Usedom waren plötzlich zum Greifen nahe, wollten erobert werden!

Selbst wenn wir nur an den Anfang des neuen Jahrtausends zurückdenken, war der Wohnmobiltourismus damals noch etwas ganz Besonderes, manchmal auch etwas Vergessenes. Doch während im Westen die Campingplätze schon ihre Standards hatten und sich die Wohnmobilstellplatz-Kultur entwickelte, wurde im Osten vielerorts erst die Klärung der Besitzverhältnisse abgeschlossen. Mittlerweile hat sich auch dort einiges getan, viel Mühe und Geld wurde investiert in die Infrastruktur. Und alle wollen gute Gastgeber sein. So mancher Stellplatz ist zwar nicht perfekt, aber das wird mit viel Liebe und Einsatz wettgemacht, um dem Wohnmobiltouristen ein schönes Plätzchen für die Nacht oder länger zu bieten. Für beide Bundesländer gilt: Ein freundliches »Moin, Moin« kommt überall gut an und öffnet so manche Schranke! Da alle Besonderheiten schwer über einen Kamm zu scheren sind, stellen wir im Folgenden zunächst Schleswig-Holstein und im Anschluss Mecklenburg-Vorpommern vor.

DIE OSTSEEKÜSTE SCHLESWIG-HOLSTEINS

600 lange Ostseeküstenkilometer nennt Schleswig-Holstein sein Eigen, und es ist die Region der sich anziehenden Gegensätze. Da sind zum einen belebte Badestrände und zum anderen beinahe menschenleere Küstenabschnitte, prall gefüllte Seebäder und Hafenstädte, aber auch beschauliche kleine Fischerdörfer, 5-Sterne-Camping in Damp und der einsame Stellplatz am Bauernhof.

Hafen Travemünde

Kaum eine Küste zeigt sich so vielfältig wie diese. In der Gunst der Urlauber spiegelt sich das klar wider, haben sie doch Schleswig-Holstein zu einem der Top-Plätze in der Bundesliga deutscher Urlaubsregionen verholfen. Ob gemütlicher Bummel in maritimer Atmosphäre oder Party auf der Kieler Woche, Kunst und Kultur im Museum oder Wildpark für Kinder, zahlreiche Festivals, dazu verlockende Wellnessangebote oder Segeln und Windsurfing, was das Zeug hält – hier findet jeder Gast tolle Bedingungen für einen gelungenen Urlaub.

Familien mit Kindern lieben den sanft ins Ostseewasser übergehenden Strand, an dem nicht Ebbe und Flut das Badevergnügen bestimmen, sondern die Urlauber selbst. Dabei beschränkt sich der Bade- und Wellnessspaß längst nicht mehr nur auf die Ostseefluten: Viele Campingplätze in der Region machen den Urlaubern inzwischen Angebote, die über den Standard weit hinausgehen und für Anregung und Entspannung zugleich sorgen.

Nicht nur die Anhänger von Trendsportarten wie Kiten oder Stand-up-Paddling fühlen sich hier wohl, ganz im Gegenteil. Erholsame Spaziergänge entlang der Steilküsten mit grandiosen Blicken über die Ostsee sind weiterhin »voll in«. Wanderer wie Radfahrer schätzen ausgedehnte Touren durch das sanft hügelige Hinterland, genauso die unzähligen Feld- und Waldwege entlang der Küste. Für den Naturschutz wurden viele Strand- und Seeufer unter besonderen Schutz gestellt. Dadurch hat sich besonders die Tierwelt erholt, die wir nun vermehrt zu Gesicht bekommen.

»... man hat Ruhe und frische Luft, und diese beiden Dinge wirken Wunder und erfüllen Nerven, Blut und Lungen mit einer stillen Wonne.« So kann es nur ein Schriftsteller wie Theodor Fontane ausdrücken. Im Jahre 1863 schrieb er diese Zeilen seiner Familie und empfahl eine Reise an die Ostsee. Wer will, taucht in Travemündes kleinem und feinem Museum in die frühe Zeit des Bäderbetriebes ein. Bereits 1802 kamen nach **Travemünde** die ersten Badegäste. Es war der Startschuss für den Tourismus und Zug um Zug entwickelten sich die Traditionsbäder an der **Lübecker Bucht**, in denen auch heute noch am meisten los ist. Der Fremden-

Tagesgruß an der Küste

verkehr wurde für die Einheimischen schnell zu einer wichtigen Einnahmequelle.

Die Badeorte liegen hier in kurzen Abständen aneinander aufgereiht. Richtung Norden zur **Flensburger Förde** hin ändert sich dieses Bild. In **Angeln** findet man weitläufige Strände mit einsamen Buchten und Wäldern, dahinter kleine Dörfer mit fruchtbaren Bauernlandschaften, Felder, Knicks und die dazugehörigen Mühlen. Hier biegt die **Schlei** ein und schlängelt sich durch eine liebliche Landschaft, die in unzähligen Bildern von Malern bis heute festgehalten werden. Kühe stehen bis ans Wasser im sattem Grün der Wiesen und die Fischerboote in den kleinen Häfen wie **Arnis** glänzen in der Abendsonne wie funkelnde Diamanten.

Auf der angrenzenden Halbinsel **Schwansen** erleben Sie das reiche Schleswig-Holstein mit seinen riesigen Guts- und Herrenhäusern, die sich zum Teil zu kleinen Ortschaften ausbilden. Die Halbinsel zwischen der Eckernförder Bucht und Kiel ist der **Dänische Wohld** – unberührte Natur mit einer 15 Kilometer langen Steilküste, die ungewöhnlich dicht bewaldet ist. **Kiel** selbst liegt eingebettet in seiner Förde, bis heute Deutschlands größter Passagierhafen und Standort für Schiffsbau. Ein großer Teil des Bauernlandes an der östlichen Kieler Bucht gehörte einst zum Kloster Preetz. **Preetz** liegt südlich in der seenreichen **Holsteinischen Schweiz**, in die wir auch eintauchen werden. Das facettenreiche Hinterland mit seinen Backsteinkirchen, malerischen Dörfern und Bauernhöfen sollten Sie auf keinen Fall verpassen. Es bietet mit prächtigen Alleen einen echten Kontrast, den man so nicht erwarten würde. Goldgelbe Rapsfelder prägen die Landschaft zur Blütezeit im Mai, braune Stoppelfelder im Spätsommer, dazu die bunten Blumen in den Gärten, ein echter Genuss!

Kein Wunder, dass sich bereits 8000 v. Chr. die ersten Menschen im heutigen Schleswig-Holstein ansiedelten und sich das fruchtbare Land untertan machten. Dabei war die weitere geschichtliche Entwicklung sehr verworren. Prägend waren, heute kaum vorstellbar, die deutsch-dänischen Auseinandersetzun-

An der Schlei

Restaurant Cavallino, Kappeln an der Schlei

gen. Mit den Herzögen von Gottorf und der dänischen Krone wechselten in schöner Gleichmäßigkeit die Machtverhältnisse von der einen zur anderen Seite. Schließlich wurde das Gebiet 1460 im Ripener Freiheitsbrief vom dänischen König Christian I. und dem holsteinischen Grafen Gerhard VI. auf Schleswig und Holstein getauft, denn es sollte »ungeteilt« bleiben. Bis es allerdings im Jahr 1866 als Schleswig-Holstein zur preußischen Provinz wurde, setzten sich die Zwistigkeiten fort, denn die Ewigkeit hielt nie lange.

Mittels einer Volksabstimmung wurde 1920 eine neue Grenze zwischen den Ländern vereinbart. So gibt es bis heute im dänischen Nordschleswig eine deutsche Volksgruppe mit eigenen Schulen und südlich dieser Grenze lebt die dänische Minderheit, die sogar im Land-tag des heutigen Bundeslandes Schleswig-Holstein vertreten ist.

Den Wind im Gesicht, eine Prise Salz in der Luft, das ist Urlaub an der Ostseeküste. Das Zusammenspiel von Wasser, Landschaft und Himmel macht Schleswig-Holstein zu etwas ganz Besonderem. Die Natur und das Meer haben den Charakter der Menschen geprägt. Sie leben bis heute vom Fischfang, der Landwirtschaft und der Seefahrt, doch ist der Tourismus zum wichtigen Wirtschaftsfaktor geworden. Zuverlässig, hilfsbereit und vor allem gastfreundlich ist der früher so verschlossene »Einheimische«. Sicherlich gehört ein überschwänglicher Redeschwall immer noch nicht zu seinen Spezialitäten. Doch dieses Raue hat einen weichen Kern, den es unter der Schale einfach nur zu entdecken gilt.

DIE OSTSEEKÜSTE MECKLENBURG-VORPOMMERNS

Weißer Strand und blaues Meer, das sind Attribute, die den geneigten Wohnmobilfahrer gemeinhin in Gedanken an das Mittelmeer entführen. Aber falsch, traditionsreiche Seebäder mit Seebrücken, die so manches englische Seebad vor Neid erblassen lassen, alte Hansestädte und Biosphärenreservate, dies alles finden wir an der Ostseeküste von Mecklenburg-Vorpommern, kurz Meckpomm genannt. Inzwischen lockt es alljährlich Hunderttausende Urlauber in den Nordosten der Republik. Nichts mehr zu spüren von dem Mief vergangener Zeiten, stattdessen prunkvolle Bauten, die nach ihrer Restaurierung wiederauferstanden sind.

Die oftmals unbeachtete Seite dieses Küstenstrichs, die zu entdecken sich lohnt, ist das Hinterland der Halbinseln und Inseln mit ihren Boddenlandschaften. Hier schlendern Sie an Rapsfeldern entlang und erfreuen sich

Kühlungsborn

später im Jahr an Mohn- und Kornblumen. Stundenlang können Sie hier zu Fuß oder mit dem Rad unterwegs sein – vor allem im Frühjahr und Herbst –, ohne einem Menschen zu begegnen.

Verträumte und abgeschiedene Ecken auf **Rügen** und **Usedom**. Der **Darß**, den Wind und Wellen immer weiter angreifen und dem sie unaufhörlich Land abnagen, um es an der Nordspitze wieder anzulanden. Fisch- und Seeadler haben sich diese Regionen als ihr Zuhause gewählt und zuvor niemals gesehene Hinweisschilder am Straßenrand machen auf den Fischotter aufmerksam. Zehntausende von Kranichen kommen jeden Herbst in die flachen Gewässer zwischen **Zingst** und Rügen geflogen. Die untergehende Sonne verdunkelt sich, wenn sie in den Abendstunden der Spätsommer- und Herbsttage von ihren Futterplätzen mit trompetenhaften Rufen in die Nachtquartiere einschweben, bevor es weitergeht auf die lange Reise in den Süden.

Ebenso beeindruckend, wenn auch nicht so unberührt und alles andere als unbekannt, sind die kreideweißen Felsen auf Rügen, die aus den dunklen Buchenwäldern leuchten. Sie machen 20 Prozent der Landesfläche aus und stehen unter besonderem Schutz: An der Küste gibt es zwei Nationalparks, einen Naturpark und ein Biosphärenreservat, um das größte Potenzial des Landstrichs, die Naturschönheiten, zu bewahren.

Den Großteil der Bäderarchitektur konnte man nach der Wende mit viel Aufwand und vor allen Dingen mit viel Geld retten. Denn in der DDR fiel leider vieles, vor allem in den 1970er-Jahren, der Abrissbirne zum Opfer und wurde durch Zweckbauten ersetzt. Wenn Sie heute durch die Seebäder **Boltenhagen**, **Ahlbeck**, **Kühlungsborn** oder **Binz** flanieren, werden Sie bestimmt das Gefühl haben, in einem Freilichtmuseum zu sein. Prächtige Villen mit Türmchen, verzierten Balkonen und Erkern schmücken die Straßen. Vor allem Schlösser und Herrenhäuser wurden durch die Umnutzung zu Hotels vor dem Untergang gerettet.

Auch die Einheimischen haben schnell die magnetische Wirkung ihrer Schätze auf Touristen zur Kenntnis genommen. Darum wurde das Angebot zügig ausgebaut, es entstanden Yachthäfen, Freizeitbäder, Golfplätze und vor allen Dingen Seebrücken, die einen über den Ostseewellen schweben lassen.

Ein weiteres Utensil lässt sich von der Küste nicht wegdenken – der Strandkorb! Tausende dieser Exemplare hievt der Sommer Jahr für Jahr an den Strand. Schließlich meint der Mecklenburger, nicht nur den »aufrecht stehenden Wäschekorb«, sondern auch den Badeurlaub an der Ostsee erfunden zu haben. Denn als Großherzog Friedrich Franz I. von seinem Leibarzt den Rat bekam, im Meer zu baden, blickte Seine Hoheit sich um und der Heilige Damm gefiel ihm besonders. Also entstand hier 1793 das erste Seebad Deutschlands – das heutige Heiligendamm. In Doberan ließ Friedrich Franz I. dazu noch die passende Sommerresidenz entstehen. Aus verschlafenen Fischerdörfern entwickelten sich so bald elegante Seebäder, in denen Badekuren rasch in Mode kamen. Waren es am Anfang nur die Reichen, gesellte sich schnell der normale Bürger hinzu, um seinen Strandurlaub mit den Kindern auch hier zu verbringen.

Doch die Zeiten, in denen die Urlauber sich von früh bis spät in der Sonne aalten und mit dem alleinigen Badevergnügen ausgelastet waren, sind vorbei. Mecklenburg-Vorpommern gilt inzwischen als Gesundheitsland Nummer eins in Deutschland. Wellness, Thalasso und Kurlaub sind die Zauberworte, die Geld in die Kassen spülen. Kinder und J ugendliche wollen ihre Grenzen ausloten und schwingen sich wie Tarzan in Hochseilgärten von einem Baum zum anderen oder reiten mit bis zu 45 Stundenkilometern durch die Wellen. Die **Mecklenburger Bucht** und die Gewässer um Rügen gehören zu den beliebtesten Surfrevieren. Der Wohnmobilfahrer entdeckt als Radler gern das Hinterland mit seinen stillen Dörfern, reetgedeckten Häusern und uralten, backsteinernen Kirchen. Dorthin führen nicht immer asphaltierte Wege, oft sind es Alleen, bedeckt mit gnadenlosem Kopfsteinpflaster, auf dem sich vermutlich schon so mancher »Trabbi« einen Achsenbruch geholt hat.

Hügelgrab Karlsminde

Ein besonderes Herz hat man in Meckpomm für die Erhaltung der beiden alten Schmalspurbahnen entwickelt und wenn man die Fahrgastzahlen sieht, wohl zu Recht. Von Kühlungsborn bis Bad Doberan schnaufen die Dampflokomotiven der »Molli« und auf Rügen zieht der »Rasende Roland« seine Bahnen. Pustend und pfeifend zuckeln sie mitten durch die Landschaft. **Bad Doberan** bietet sogar das Erlebnis, damit mitten durch die Stadt zu fahren, da ist es gut, dass es hier keine Umweltzone gibt.

Wismar und **Stralsund** gehören zu den Städtehighlights. Nach einem Bummel versteht man schnell, warum die Zentren der beiden Städte Weltkulturerbe geworden

Am Strand Wackerballig

Lemkenhafen auf Fehmarn

sind. Beide bieten dem Wohnmobilfahrer einen Stellplatz, der fußläufig zur Innenstadt liegt. In beiden Touristeninformationen gibt es kostenlose Kurz-Reiseführer, die Sie fachkundig durch die Stadt begleiten.

Auch für die Camper und Wohnmobilfahrer wurde zwar viel getan, aber ich würde sagen, noch lange nicht alles. Denn der Wohnmobiltourist nimmt natürlich gern die infrastrukturellen Entwicklungen in Anspruch. In puncto sportliche Ausrüstung liegt er dank der vielseitigen Zuladungsmöglichkeiten gegenüber herkömmlichen Urlaubern ganz weit vorn.

Die vielen Erlebnisse machen nicht nur müde, sondern auch hungrig. Gasthäuser mit langer Tradition haben ihre Pforten wieder geöffnet und laden zu einem meist zünftigen Mahl ein. Doch auch der Feinschmecker kommt nicht zu kurz, denn inzwischen arbeiten in Meckpomm die meisten Sterneköche. Diskotheken und Musikkneipen, wo man bis in die frühen Morgenstunden »abtanzen« kann, sind leider selten. Darum entsteht auf den Wohnmobil- und Campingplätzen oft eine ganz besondere Geselligkeit. Für jugendliche Campinggäste ist dann auch ein Feuer am Strand ein toller Event – und Musik gibt es auch dazu. Doch damit kein falscher Eindruck entsteht: Bei aller Bedächtigkeit und Zurückhaltung sind die Mecklenburger und Vorpommern gastfreundlich und immer am Überlegen, was sie für die Gäste noch tun könnten. Fröhliche Feste und Events, Traumstrände, romantische Städte und eine urwüchsige Landschaft – nicht zuletzt ist es dieser Mix aus Kunst, Kultur und Natur, der die Ostseeküste von Mecklenburg-Vorpommern wieder zu einer der beliebtesten Feriendestinationen in Deutschland gemacht hat – entdecken Sie sie!

DIE KÜCHE

Im Norden wird bodenständig gekocht, und das zu einem überwiegend guten Preis-Leistungs-Verhältnis. Es gibt Eintöpfe aller

Stellplatz Bülker Leuchtturm

Museumshof Lensahn

Art, wie zum Beispiel Labskaus oder Birnen, Bohnen und Speck, im Herbst und Winter traditionell Grünkohl in allen Variationen. Fischgerichte ergänzen natürlich die Speisekarte und auch der Imbiss in Form von Backfisch oder frischen Fischbrötchen ist nicht zu verachten. Es kommt fast ausschließlich regionaler Fang auf den Teller, und das schmeckt man. Doch ebenso schön ist es, den Fisch direkt vom Kutter im Hafen zu kaufen und am Wohnmobil zu grillen – herrlich.

KLIMA UND REISEZEIT

Für die gesamte Küste gelten als beste Reisezeit die Monate April bis Ende Oktober. Die regenreichsten Monate sind Juni, Juli und August mit 60 Millimetern Niederschlag, gleichzeitig sind es aber auch die Monate mit der längsten Sonnenscheindauer von acht bis neun Stunden. Die wärmsten sind sie mit einer durchschnittlichen Temperatur von 20 bis 22 Grad ebenfalls. In dieser Zeit sind auch die Wassertemperaturen mit 16 bis 19 Grad am angenehmsten, also ideal für den Badeurlaub mit Kindern.

Viele kennen natürlich die Reize von Frühjahrs- und Herbststürmen und genießen in der kühleren Jahreszeit dann vor allen Dingen die weniger gefüllten Städte und Strände. Unübersehbar ist auch, dass die Camper, speziell die Wohnmobiltouristen, schon längst die Zeit um Weihnachten und Silvester für sich entdeckt haben. Da die Winter nicht mehr so streng und die Wohnmobile immer besser isoliert und beheizt sind, sollten Sie diese Reisezeit vielleicht auch einmal ins Auge fassen.

AKTIVITÄTEN UND AUSRÜSTUNG

So vielfältig wie die Küsten der beiden Bundesländer Schleswig-Holstein und Mecklenburg-Vorpommern, so vielfältig sind auch die Freizeitmöglichkeiten. Die gesamte Ostseeküste ist beispielsweise ein Paradies für Radfahrer. Radwege sind zum Großteil vorhanden und gut ausgebaut, die meisten Strecken weitestgehend ohne nennenswerte Steigungen und auch für kleinere Kinder gut geeignet. Da die Natur zum Teil aber sehr einsam sein kann, sollten Sie auf keinen Fall ein kleines Werkzeug-Set bzw. das Flickzeug vergessen. In vielen Regionen gibt es übrigens das Angebot Bus & Bike, wo ein an den Linienbussen angebrachter spezieller Fahrradträger für den Transport der Fahrräder sorgt. So kann man auch gut längere Touren planen und sich dann bequem zurück zum Ausgangspunkt fahren lassen. Die Busfahr-

Hafenmole Warnemünde

pläne weisen diesen gesonderten Service extra aus, die Gebühren belaufen sich meist auf nur ein bis zwei Euro je Bike. Und denken Sie bei jedem Ausflug daran: Wir sind an der Küste, eine Windjacke ist da immer sehr hilfreich.

Wer lieber zu Fuß unterwegs ist, dem sei gesagt: Die Wanderwege durch das hügelige Hinterland sind hervorragend ausgeschildert. Die meisten Strecken sind sehr gut mit leichtem Schuhwerk zu begehen, für Küsten- oder Steilrouten ist es jedoch ratsam, geeignete Wanderschuhe zu tragen. Besonders die Touristeninformationen halten eine Vielzahl zum Teil kostenloser Wanderkarten für Sie bereit. Für GPS-Fans bietet sich natürlich auch immer eine Runde Geocaching an. Auf www.geocaching.de finden Sie eine schier unendliche Auswahl lohnender Ziele. Gerade Kinder und Jugendliche lassen sich für diese Art des Wanderns sehr schnell begeistern. Die Handhabung der Geräte ist kinderleicht und Einstiegsmodelle sind bereits unter 100 Euro erhältlich.

Was aber wäre eine Küste ohne Badespaß und Wassersport in allen Facetten! Ob Surfen, Kiten, Kajakfahren oder Tauchen – all das ist an der gesamten Ostsee nahezu uneingeschränkt möglich. Auf Campingplätzen und an den Stränden werden natürlich ganz oft Schnupper- oder Intensivkurse für die verschiedensten Sportarten angeboten. Für die weniger Sportlichen gibt es in vielen Häfen die Gelegenheit, eine Schiffstour zu unternehmen. Hier haben Sie die Qual der Wahl zwischen Ausflugsdampfer, Segelschiff oder etwa einem Kutter, auf dem Sie mit den Fischern auf Fang gehen.

Zum Schluss noch einige Worte zum liebsten Begleiter vieler Wohnmobilisten, dem Hund. Nahezu 50 Prozent der Wohnmobile haben inzwischen einen vierbeinigen Begleiter an Bord, Tendenz steigend. Auch unser Reiseteam besitzt einen und daher können Sie davon ausgehen, dass an allen Zielen unserer Touren Hunde willkommen sind. Sollte dies einmal nicht der Fall sein, erwähnen wir es extra. Andersherum gibt es ja durchaus Menschen, die mit dieser Spezies nichts anfangen können und froh sind, keine Hunde vorzufinden. Trotzdem noch ein Bitte in eigener Sache: Liebe Hundehalter, denken Sie

Pferdekoppel bei Bliesdorf

immer daran, besonders auf Stellplätzen und Campinganlagen die Hinterlassenschaften Ihrer Fellnase zu entsorgen. Außerdem gehört der Hund bis zum Verlassen der Anlagen an eine Leine und sollte nach Möglichkeit so gut erzogen sein, dass er nicht zu ständigem Dauerbellen neigt. Jeder kennt seinen Hund am besten und ein entspannter Urlaub ist ja eine gute Gelegenheit, bestimmte Dinge zu üben.

NAVIGATION

Sicherlich sind die meisten von Ihnen mit Navigationsgeräten, Tablets oder Smartphones bestens ausgerüstet. Für den Fall des Ausfalls oder schlechter Verbindungen empfehlen wir aber, immer eine detailgenaue Straßenkarte an Bord zu haben. Wir haben neben unserem ADAC Autoatlas Europa (dieser ist immer gut, egal, wo man ist) die Kümmerly+Frey Karte 2 »Deutsche Ostseeküste von Hamburg bis Berlin«, Maßstab 1:275 000, ISBN 978-3-259-01461-5, dabeigehabt. Damit ist auch für Abstecher hinter die Küstenlinie gut vorgesorgt. Für eine ausführliche oder längere Stadtbesichtigung empfehlen wir z. B. ein Buch aus der Reihe »Zeit für das Beste«, die vom Bruckmann Verlag herausgegeben wird. Oftmals sind aber auch Touristeninformationen mit zum Teil kostenlosen Angeboten zu ihrer Stadt ausgerüstet, das schont dann zusätzlich Ihre Reisekasse.

Wellenbrecher in der Ostsee

AURORA

Brennerei

GRENZLOSE ARCHITEKTUR

Bilder Seite 18
Links oben: Kaffetrinken beim »Landarzt«
Rechts oben: Brauhaus Wismar
Unten: Altstadt Kappeln an der Schlei

Bilder Seite 19
Oben: Jugendstilvilla Ahlbeck
Mitte: ohne Worte – Kneipe in Wismar
Unten: Altstadt Travemünde

Alte Doppelbrücke
an der Schlei

» DIE ROUTEN

1 FISCH AM HAKEN IM VIELFÄLTIGEN LAND DER ANGELN

Von der Flensburger zur Kieler Förde

Hier, zwischen Flensburg und Kiel, kann man noch recht menschenleere Küstenabschnitte mit kleinen traditionellen Fischerdörfern entdecken. Auch die dänische Minderheit hat hier im hohen Norden ihre Heimat gefunden. Der nördlichste Abschnitt der deutschen Ostseeküste zeigt sich sehr abwechslungsreich und einen Abstecher von Kappeln die Schlei entlang darf man in keinem Fall versäumen! Fisch am Haken ist wohl eher Fischers Fang im Netz, und der findet allerorts frisch zubereitet den Weg auf den Teller des Gastes.

Blick vom Flensburger Innenhafen in die Altstadt

Wir starten unsere Tour in Richtung Kiel im historischen Innenhafen von Flensburg. Sogleich umgibt uns mediterranes Flair und ein Hauch von Seeluft. Bei schönem Wetter kann man bereits hier, im Liegestuhl oder Strandkorb sitzend, einen Schluck aus der bekannten Flasche mit dem »Plop« genießen, dazu empfehlen wir ein frisch zubereitetes Matjesbrötchen.

FLENSBURG

Die kreisfreie Stadt im Norden Schleswig-Holsteins ist nach Kiel und Lübeck die drittgrößte Stadt des Landes, gleichzeitig die nördlichste kreisfreie Stadt Deutschlands. Sie liegt an der **Flensburger Förde** und an der nördlichen Grenze der Halbinsel Angeln. Als Zentrum der dänischen Minderheit in Südschleswig nahm Flensburg nach der Volksabstimmung in Schleswig 1920 und den Bonn-Kopenhagener-Erklärungen von 1955 eine Vorreiterrolle bezüglich der Anerkennung nationaler Minderheiten ein, abgedeckt durch eine Vielzahl dänischer Institutionen. Von einem nicht geringen Teil der nach eigenen Angaben rund 93 200 Einwohner (Stand: Mai 2016) werden außer Deutsch und Dänisch noch Plattdeutsch und Petuh gesprochen.

Bundesweite Bekanntheit erlangte die Stadt durch die vom Kraftfahrt-Bundesamt gespeicherten »Punkte in Flensburg«, den Erotikversandhandel von Beate Uhse, das Flensburger Bier und den Handballverein SG Flensburg-Handewitt. Und sogar internationale Aufmerksamkeit durch den Sitz der letzten Reichsregierung 1945 unter der Leitung von Karl Dönitz im Stadtteil Mürwik.

Faktoren wie der Rumhandel und militärische Einrichtungen, etwa der Marinestützpunkt Flensburg-Mürwik, die das Wachstum der Stadt im 19. und 20. Jahrhundert begünstigten, spielen heute nur noch eine unwesentliche Rolle. Von größerer Bedeutung für das Oberzentrum sind der ausgeprägte Grenztourismus, der Flensburger Hafen mit dem historischen Hafen und der Werft der FSG sowie mit rund 9000 Studierenden die Europa-Universität Flensburg.

Wer einen Abend in der Stadt verbringen möchte, findet auf der Ostseite des Flensburger Hafens im ehemaligen Industriehafen einen nett gelegenen, kostenlosen Wohnmobilstellplatz. Der Weg dahin ist überall im Innenstadtbereich ausgeschildert (Adresse: Am Industriehafen). Der Platz hat allerdings weder Strom- noch Wasseranschluss. Er liegt etwa 1,5 Kilometer von der Innenstadt entfernt, sodass man sogar zu Fuß am Ufer entlang in die Stadt gehen kann. Platz finden zwanzig Wohnmobile, teilweise mit Blick auf die Förde.

ÜBER GLÜCKSBURG NACH LANGBALLIGAU

Wir verabschieden uns aus Flensburg und nehmen für elf Kilometer die L 249. Bald erreichen wir das Glücksburger Schloss. Glücksburg ist die nördlichste Stadt, die über ihr liegende Halbinsel Holnis der nördlichste Festlandpunkt Deutschlands.

Schloss Glücksburg gehört zu den wichtigsten Residenzschlössern Norddeutschlands. Es wurde geprägt von der europäischen Geschichte und bekannt als Sitz der Herzöge

ROUTE 1

START- UND ENDPUNKT
Flensburg und Kiel

STRECKEN
überwiegend Land- und Kreisstraßen

STRECKENLÄNGE
ca. 160 Kilometer

FAHRZEIT
4 bis 6 Tage

BESTE JAHRESZEIT
April bis Oktober

Schloss Glücksburg

des Hauses Schleswig-Holstein, zeitweise auch als Regierungssitz der dänischen Könige – beide dem alten Stammhaus Oldenburg zugehörig. Von 1583 bis 1587 erbaut, wird es heute als Stiftung unter der Vorstandschaft von Christoph Prinz zu Schleswig-Holstein geführt. Das Schloss lädt zu einer Besichtigung und der wunderschöne Park mit dem alten Baumbestand zu einem Spaziergang ein. Für das leibliche Wohl sorgt das Café-Restaurant und die Kinder haben ihren Spaß auf dem Spielplatz. Parkmöglichkeiten vor dem Schloss gibt es für Wohnmobile jeder Größe.

Flensburger Original

Über die Kreisstraßen K 93 und K 97 sind es nur zehn Kilometer bis zum Campingplatz **Langballigau**. Gegen eine Parkgebühr von zwei Euro kann man den Tag direkt an einem Wiesenstreifen oberhalb des Strands verbringen. Hier lässt es sich nach Herzenslust Rad fahren, wandern oder im Sand spielen und natürlich baden. Das Tolle ist, dass Sie auch Ihre vierbeinigen Freunde mitnehmen dürfen! Alternativ können Sie hier auch eine ruhige Nacht verbringen, denn der Campingplatz bietet eigene Wohnmobilstellplätze und Blick auf die Ostsee. Die Stellplatzgebühr beträgt nur zehn Euro und für einen Euro pro Person können Sie auch die Sanitäranlagen des Campingplatzes mitbenutzen.

WILDNIS ZWISCHEN MEER UND AUEN

Sie haben sich für die Übernachtung entschieden und hängen noch einen Tag dran? Dann haben wir einen ultimativen Wandertipp für Sie: einen 15 Kilometer langen **Rundwanderweg** durch die typisch schleswig-holsteinische Küstenlandschaft mit Start unmittelbar vor dem Campingplatz. Der Weg hat nur einen Höhenunterschied von 30 Metern und hält viele attraktive Zwischenziele bereit. Auf alle Fälle ist er einen Ausflug wert, denn die buchenbewaldete Küste zwischen Bockholmwik und Langballigau an der Flensburger Außenförde, das Tal der Langballigau, birgt landschaftlich besonders schöne Abschnitte der schleswig-holsteinischen Ostküste.

Die Wanderung führt durch das Tal der mäandernden Langballigau, ein großartiges, unter Naturschutz gestelltes Feuchtbiotop, entlang der Küste, schließlich auf immer reizvollen Wegen in den Ort Unewatt mit seiner

Küstenstreifen bei Langballigau

schönen Windmühle, dem Museumsdorf, an der Au mit Resten einer Wassermühle.

WANDERROUTE

Vom Campingplatz aus gehen wir links, überqueren die K 97 und folgen der Straße »Am Hafen«. Von hier führt links ein als Wanderweg gekennzeichneter Aufstieg auf die Steilküste. Diese Gegend war Obstkammer Angelns, wovon beim Aufstieg alte, mächtige Äpfelbäume noch Zeugnis ablegen. Der Weg aufwärts bietet einen ausgezeichneten Ausblick auf die Flensburger Außenförde und die Halbinsel Broager auf dänischer Seite. Dieser Ausguck wurde, wie ein Gedenkstein ausweist, auch schon während der Napoleonischen Kriege genutzt, um feindliche Schiffe auszumachen.

Auf der Höhe wenden wir uns rechts in Richtung Hohenau, nehmen vor einem Hof den ausgewiesenen Wanderweg und laufen dann direkt auf den Wald zu in westlicher Richtung. Im Wald nehmen wir die Wege links ab, die uns in Nähe des südlichen Waldrandes halten. Wir gelangen dann auf den Weg in Richtung Siegumlund, durchqueren den Wald geradeaus, bis wir an eine Lichtung kommen, durch die ein Wiesenweg auf die wenigen Häuser von Siegumlund zuläuft. An den hübschen Häusern vorbei führt unmittelbar nach einer Linkskurve der Ortsstraße der Weg wieder in den Wald hinein. Wir folgen ihm, um schließlich in nördlicher Richtung nahe am Waldrand durch ein Feuchtgebiet das Ufer der Förde bei Bockholmwik zu erreichen.

Hier nehmen wir den Weg nach rechts, wohl auch auf einem Nehrungshaken, der die ehemalige Steilküste von der Ostsee abgetrennt hat. Der Weg führt schließlich durch die Dünen am Strand, bis es bergauf auf eine ausgebaute Treppe zum Weg nach Hohenau geht. Von Hohenau wandern wir auf der bereits bekannten Strecke zurück nach Langballigau, überqueren wieder die K 97 und nehmen den Pfad hinein in das Tal der Langballigau.

Die Brücke über die Au überschreiten wir nicht, sondern wandern geradeaus am Fuß des nicht mehr aktiven Kliffs. Ein herrlicher, schattenreicher Waldweg mit Blick auf die dicht bewachsene, nicht mehr wie früher entwässerte und beweidete Talaue nimmt uns

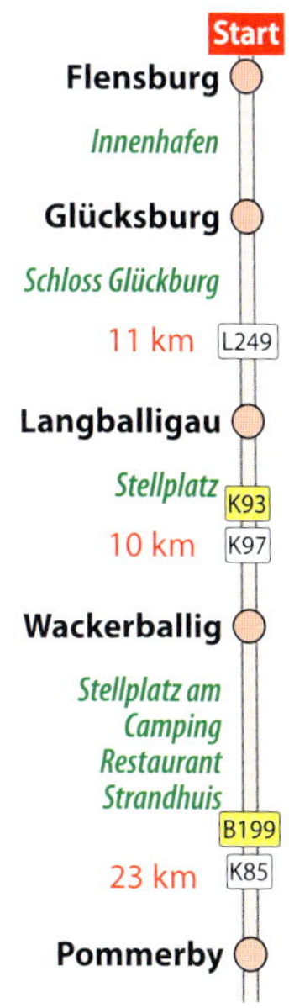

Kiten im Ostseewind

auf. An der nächsten Kreuzung schwenken wir rechts nach Unewatt und erleben einen ursprünglichen, wildnisreichen Abschnitt des Tales. In Unewatt lädt der schön angelegte Biergarten des Landhauses Unewatt zu einer erfrischenden Rast. Von hier sind es nur noch wenige Meter zum Parkplatz des **Museumsdorfes Unewatt** oder der **Mühle »Fortuna«**.

Diese Mühle in Unewatt hat eine interessante Geschichte. Hervorgegangen aus einer Mühle von 1780, wurde sie nach Aufhebung des »Mühlenzwangs« lukrativ und so wurde 1878 ein kompletter Mühlenneubau erstellt. Dieser wurde in den folgenden Jahren noch weiter ausgestattet, erhielt 1922 einen Elektromotor, um auch unabhängig von Wind arbeiten zu können. Aber das Aufkommen von Industriemühlen, Veränderungen in der Landwirtschaft zwangen schließlich zur Aufgabe. Die Unewatter Mühle war die letzte betriebsgängige Mühle im ehemaligen Kreis Flensburg. Heute ist sie als Museum ein interessantes, funktionsfähiges Objekt eines alten Traditionshandwerks.

Beeindruckt, auch von den zahlreichen Legenden und Märchen über Müller, wandern wir auf dem Mühlenweg bergab, denn Mühlen stehen immer an exponierten Orten, in Richtung Ortsmitte zum Landhaus Unewatt, hier aber zunächst vorbei. Wir überqueren die Langballigau, erfahren, dass die Au bis zur Mündung etwa vier Kilometer zurücklegt. Auch die Wasserkraft der Auen wurde mit einer Kornwassermühle und einer Butter--mühle einst genutzt. Wir schlagen den ausgewiesenen Weg in Richtung Knös ein und lassen dabei die rechts abführenden Wege links liegen.

Bei dem Ortsteil Knös gelangen wir in den vorwiegend von Buchen bestandenen Wald. Wir folgen diesem Waldweg am Hang eines Tales, durch das ein Nebenfließ der Langballigau plätschert. Große Bestände des Riesenschachtelhalms, mit bis zu zwei Meter Höhe die größte heimische Art, beeindrukken. Schließlich führt der Weg aus dem Wald heraus auf eine Lichtung zu, die von Robustrindern beweidet wird. Wir queren den Talboden, finden am Ufer der Langballigau Wasserminze und nehmen die Brücke über die Au, um am Steilhang rechts wieder zur K 97 geführt zu werden. Noch wenige Schritte und wir haben unser Ziel erreicht. Jetzt kann sich jeder mit einer Erfrischung seiner Wahl belohnen!

GELTINGER BUCHT UND LEUCHTTURM FALSHÖFT

Ein besonders gutes Revier für Kite-Surfer ist die Geltinger Bucht. Hier ist unser nächster Stopp in **Wackerballig**, scherzhaft gern auch »Wackerpulco« genannt. Bei klarem Wetter ist der Blick frei bis an die dänische Küste. Wohnmobilstellplatz, Surfen, breiter Hundestrand und mit dem »Strandhuis« das

Das Acapulco der Ostsee

Leuchtturm Falshöft

bekannteste Fischrestaurant der Gegend – was will man mehr? Als Besonderheit ist der in das Wasser vorgebaute Sportboot- und Seglerhafen zu erwähnen.

Gegenüber der Geltinger Bucht geht es über Pommerby in die Sackgasse bis an den Leuchtturm von **Falshöft**. Am Ende, nur 300 Meter weiter den schmalen Deichweg entlang, erwartet uns mit dem **Campingplatz Ostseesonne** ein echter Geheimtipp. Der familiär geführte Platz hat keine 100 Stellplätze und wirklich schön sind die in erster Reihe reservierten Wohnmobilstellplätze. Sie bieten etwas ganz besonders Seltenes: freien Blick vom Deichstellplatz auf die Ostsee! Sicherlich pfeift die Brise auch mal ganz ordentlich, aber für uns »Landratten« ist das doch eher ein Erlebnis. Im Restaurant verwöhnt Sie das junge Gastronomenehepaar mit frischen Fischspezialitäten, aber auch Hamburger & Co. kommen nicht zu kurz. Sehr zu empfehlen ist das »Deichfrühstück Ostseesonne« für sieben Euro je Person. Wenn Sie Natur, Ruhe und Nähe zum Wasser suchen, lässt sich dieses Angebot nur schwer toppen.

Nur sieben Kilometer weiter geht es in **Hüsfeld** zum Hofladen der Spanierin Rosalia Altes. Alle Waren, ob handgemachte Keramik, Olivenöle, Weine oder Honig, sind exklusive Importe aus dem spanischen Katalonien. Der alte Hof aus den 1920er-Jahren ist liebevoll gestaltet. Auf ihrem schönen Grundstück lädt Rosalia Wohnmobilfahrer auch zum Übernachten ein. Eine Ver- und Entsorgung sowie Strom ist verfügbar und für uns ist es eine willkommene Gelegenheit, abseits großer Straßen in typischer Hecken- und Knicklandschaft eine Nacht zu verbringen.

AN DER SCHLEI

Wieder auf der B199, sind es nur elf Kilometer bis in den Hafen von **Kappeln an der Schlei**. Mehr als 40 Kilometer dringt die Schlei als

Pommerby

Leuchtturm Falshöft
Campingplatz Ostseesonne

6 km K85

Hüsfeld/ Pommerby

Hofladen
Wohnmobilstellplatz

7 km K58

Kappeln

SPECIAL

HEIRATEN IM LEUCHTTURM

Für alle, die sich noch nicht »getraut haben« und vielleicht noch auf der Suche nach dem Besonderen sind, ist das Trauzimmer im Leuchtturm Falshöft ein Geheimtipp. Der Falshöft leuchtet den Seeleuten seit 1920 heim und jetzt gibt Ihnen das Standesamt Geltinger Bucht von April bis Oktober die Gelegenheit, sich in dieser einmaligen Location das Jawort zu geben. Am besten, Sie laden die ganze Hochzeitsgesellschaft zur Feier und Übernachtung in die Ostseesonne ein. Anmeldung und nähere Informationen von Montag bis Freitag zwischen 8 und 12 Uhr direkt beim Standesamt, Tel. 04643/18 32 15.

Kirchplatz in der Altstadt von Kappeln

malerisch schöner Ostseefjord landeinwärts und schlängelt sich durch die Wiesen, vorbei an kleinen Häfen und Badebuchten. Winzige Orte mit reetgedeckten Häusern bilden das Panorama an dem ehemaligen Schifffahrtsweg der alten Wikinger. Der alte Fischereihafen mit seinen zahlreichen, zum Teil sehr urigen Lokalitäten, den vertäuten Fischerbooten und Ausflugsschiffen ist ein wahrer Touristenmagnet. Gut, dass fußläufig in einer hafennahen Werftanlage ein großer Wohnmobilstellplatz zur Verfügung steht.

So kann man sich bedenkenlos den irdischen Genüssen hingeben, die einen in den kleinen Gassen anlocken. Wir empfehlen beispielsweise das Mittagsmenü im »Cameo« mit Blick von der Terrasse auf den Schleianleger. Frische Fischfilets und Scholle inklusive Getränken schlugen bei uns lediglich mit 22 Euro für zwei Personen zu Buche. Fans der ZDF-Serie »Der Landarzt« werden es sich natürlich nicht nehmen lassen, an den Original-Drehorten rund um die St.-Nikolai-Kirche ihren Kaffee einzunehmen! Ebenfalls direkt im Hafenbecken, am besten mit Blick von der Schleibrücke, können Sie den letzten der 38 Heringszäune aus dem 16. Jahrhundert entdecken. Bis heute verirren sich, um die Osterzeit, die Heringe in den fest verankerten Reusen aus Buschwerk und können dann leicht gefangen werden.

Für uns geht es ein Stück weiter die Schlei entlang in das fünf Kilometer entfernte **Arnis**. Mit 350 Einwohnern erhielt die kleinste Stadt Deutschlands 1934 Stadtrecht. Viele der kleinen Häuser stehen in dem malerischen Ort unter Denkmalschutz. Mit einer kleinen Fähre könnte man im Yachthafen sogar mit dem Wohnmobil (bis 5 t) übersetzen Richtung Brodersby. Doch wir genießen lieber den Bummel durch die kleine Stadt und bewundern die liebevoll gestalteten Gärten, bevor wir die B 203 ansteuern und über die Landstraße wieder an die Küste gelangen.

Der Stellplatz am Hafen in Kappeln.

GUTSHOF KARLSMINDE

Unsere weitere Fahrt bringt uns in Richtung Gutshof Karlsminde. Eingebettet in eine Hügellandschaft, taucht er bald zwischen den Bäumen auf. In Sichtweite machen wir einen Stopp an einem der zahlreichen Hügelgräber, die in ganz Schleswig immer wieder ausgeschildert sind. Die dortige Stille der Natur lässt diesen Ort zweifellos auch heute noch mystisch erscheinen.

Wir nehmen nun noch einige Kurven durch die Felder und schon sind wir am bewirtschafteten Gutshof. Es gibt einen kleinen

Hofladen mit Gemüse, Eiern, Kartoffeln und etlichem mehr, doch uns interessiert natürlich vor allem die am Hof befindliche Campinganlage, die ebenfalls von den Gutsbesitzern betrieben wird. Gleich linker Hand ist eine große Stellfläche für Wohnmobile, leider aber mehr als 400 Meter von der Ostsee entfernt. Die gesamte Infrastruktur ist etwas in die Jahre gekommen.

Besonders beliebt ist der Platz bei Hundehaltern, gibt es doch eine riesige Freilauffläche mit einem Schwimmteich für die Vierbeiner. Der gesamte Campingplatz ist umgeben von Wäldern, die zu einem Spaziergang einladen, ebenso wie die Radwege, die an den gut beschilderten Ostsee-Radwanderweg führen. Da es vom Campingplatz aus fünf Kilometer zum nächsten größeren

Blick zum Gut Karlsminde

4500 Jahre altes Hügelgrab bei Karlsminde

KULTUR

HÜGELGRAB BEI KARLSMINDE

Bei der Anlage nahe des Gutshofes Karlsminde handelt es sich um eine Grabanlage aus der jüngeren Steinzeit um 2500 v. Chr. Sie besteht aus drei Grabkammern, die in einem steingefassten Erdbett liegen und zum Teil begehbar sind. Das »Riesenbett« hat eine Länge von 60 Metern, ist fünf Meter breit und ca. 2,5 Meter hoch. Die Kammern dienten als Grüfte für wiederholte Bestattungen. Die Toten erhielten seinerzeit Grabbeigaben in Form von Gerät, Schmuck und Tongeschirr. Urnengräber aus der Eisenzeit in dem Hügelmantel belegen außerdem die Nutzung dieser Grabstätte bis in die Jahrhunderte nach Christi Geburt.

Stadtstrand Eckernförde

Kappeln
Hafen
Altstadt
11 km B199
Arnis
kleinste Stadt Deutschlands
B203
5 km K22
Karlsminde
Gutshof
Hügelgrab
B203
30 km L26
Eckernförde
Promenade
Hafen
Stellplatz
12 km L26
Schwedeneck/ Bülker Leuchtturm

Einkauf sind, sollte man gut versorgt hier eintreffen. Etwas überrascht sind wir, dass trotz Vorsaison die Plätze gut belegt sind.

ECKERNFÖRDE

Der L26 folgend Richtung Eckernförde, kommt nach rund sieben Kilometern das Hinweisschild »Camping Hemmelmark«. Wir befahren eine ca. 3,5 Kilometer lange »Schotterpiste« mit Schlaglöchern und enden in der Sackgasse vor der Schranke. Wir könnten nun auf einer abseits vom Wasser liegenden Wiese für 19 Euro ohne Strom stehen. »Das ist so vorgesehen für die Wohnmobile!«, belehrt man uns. Dankend lehnen wir ab und entscheiden uns dafür, unser Geld lieber andernorts auszugeben. Die Rüttelplatte zur Straße zurück bleibt uns damit allerdings nicht erspart.

Da wir die letzten Tage sowieso viel in der Natur verbracht haben, entschließen wir uns gleich zur Erkundung der Stadt an der **Eckernförder Bucht** und nehmen zunächst den neuen Stellplatz, der sehr citynah von den Stadtwerken für 50 Wohnmobile angelegt wurde, unter die Lupe. Die Einfahrt erfolgt nach Einbuchung im vollautomatischen Kas-

KULTUR

ZUR GESCHICHTE ECKERNFÖRDES

Gegen Ende des 12. Jahrhunderts ließ der dänische König zum Schutz des in nord-südlicher Richtung über den schmalen Durchlass zwischen Noor und offener Bucht verlaufenden Handelsweges eine Burg errichten, quasi Urzelle der späteren Stadt. Sie wird 1231 als »Ykernaeburgh« erwähnt. In einer Urkunde von 1302 wird Eckernförde dann zweifelsfrei als Stadt bezeichnet. Im 15. und 16. Jahrhundert steigt Eckernförde auf zur Hafenstadt mit privilegiertem Zwischenhandel. Durch die Ausweitung des Seehandels kommt es nun auch zu eigenem Schiffsbau. Daneben spielen bis ins 17. Jahrhundert hinein der Fischfang und das Brauwesen eine bedeutende Rolle. In der wechselvollen Geschichte erlebt die Stadt um die Mitte des 18. Jahrhunderts eine große wirtschaftliche Blütezeit. Eckernförder Kaufleute betätigen sich überwiegend als Reeder. Die Familie Otte nimmt eine herausragende Stellung ein; von den im Jahre 1758 in Eckernförde beheimateten 36 sogenannten Kauffahrteischiffen nennt sie ganze 17 ihr Eigen.

sensystem. Bei 17 Euro Gebühr pro Wohnmobil müssen wir erst einmal schlucken. Das Schlucken weicht dann, bei genauem Betrachten, einem breiten Grinsen. Die Gebühr ist inklusive WLAN, Nutzung der Sanitäranlagen, Kurabgabe für zwei Erwachsene, Nutzung des Servicebereiches mit Küche (Herd, Backofen & Geschirrspüler gegen Gebühr), Hundedusche (!) und Entsorgung. Die Stellplätze sind mit 5 x 10 Metern so groß, dass man bequem Markise, Tisch und Stühle nutzen kann und darf. Der Platz ist ganzjährig nutzbar und dank des hervorragenden Untergrunds auch für schwere Wohnmobile bei jeder Witterung befahrbar. Die Innenstadt Eckenfördes, Hafen und Promenade

Brücke am alten Fischereihafen Eckernförde

Fischerhäuser in der Altstadt

Wohnmobilstellplatz Eckernförde

mit Stadtstrand erreichen wir zu Fuß in zehn Minuten. Dieser Komfort und der ausgezeichnete Gesamteindruck ersetzen hier einen Campingplatz.

Eckernförde zählt heute rund 22 000 Einwohner und ist eine Stadt, die sich ihre norddeutsche Lebensart erhalten hat. Der Weg vom Stellplatz führt direkt an die Promenade und den Strand. Der Weg endet im Fischereihafen und am Zugang zur Fußgängerzone in die wunderschöne Altstadt. An den Wochenenden finden hier regelmäßig Flohmärkte statt und an den Fischkuttern kann man zu günstigen Preisen den frischen Fang des Tages erwerben, z. B. kleine Schollen zu je 1,50 Euro das Stück. Selbst wenn das Wetter mal nicht so mitspielt, braucht Ihnen nicht bange zu sein. Dann lädt im alten Rathaus, dessen Kernbau bereits im Jahr 1420 errichtet wurde, das Museum für Fischerei und Stadtgeschichte ein. Ob gutes oder schlechtes Wetter, das Kaffeehaus & Konditorei Heldt sollten Sie auf keinen Fall verpassen. Das älteste Café Schleswig-Holsteins bietet eine Auswahl an 120 Sorten Gebäck, Kuchen, Torten und Marzipanspezialitäten.

SPECIAL

GRAF VON SAINT GERMAIN

Eine mysteriöse Figur der Eckernförder Geschichte ist der Graf von Saint Germain, der ab 1780 gemeinsam mit dem dänischen Stadthalter, Landgraf Carl von Hessen, im sogenannten Alchemistenturm auf Louisenlund experimentierte. Er stellte goldähnliches Metall her und arbeitete an der Entwicklung von Farben, die jedoch die angestrebte Haltbarkeit nicht erreichten. Der sagenumwobene Graf starb am 27. Februar 1784 in Eckernförde und wurde im Grab Nr. 1 in der St.-Nikolai-Kirche beigesetzt.

DIE LETZTE ETAPPE BIS KIEL

Die Landspitze zwischen Eckernförder Bucht und Kieler Förde ist das **Schwedeneck**, das auch einen Stellplatz sein Eigen nennt. Wir empfehlen, die Schleife zum Bülker Leuchtturm und an der nordwestlichen Spitze die Einfahrt zur Kieler Förde zu nehmen. Bei klarem Wetter reicht der Blick bis zum Marine-Ehrenmal in Laboe auf der anderen Uferseite. Gegen frühen Abend werden die Tagestouristen weniger und man kann versuchen, einen der zehn Wohnmobilstellplätze zu ergattern. Die kostenlosen Plätze haben keinerlei Versorgung, bieten aber einen perfek-

Blick über die Börde bis nach Laboe

ten Blick über das Wasser in die untergehende Abendsonne.

Mit »Schwedeneck« wird eine der wohl schönsten Gemeinden der Ostseeküste bezeichnet, die Familien und Naturliebhaber gleichermaßen begeistert. Einen eigenen Ort Schwedeneck gibt es allerdings nicht. Denn nach der Gebietsreform 1927 wurden die alten Gutsbezirke Dänisch Nienhof, Hohenhain, Grönwohld und Birkenmoor zu einer politischen Landgemeinde zum sogenannten Schwedeneck zusammengeschlossen.

Die prachtvollen Gutshäuser machen noch heute einen Teil des Reizes dieser Gemeinde aus. Doch damit nicht genug: Kinder können am 16 Kilometer langen Strand nach Herzenslust im Sand oder im Wasser spielen, denn an den meisten Stränden ist das Wasser flach. Erst nach vielen Metern vertieft es sich zum eigentlichen Meer, auf dem in der Ferne die Boote vorüberziehen. Im Norden und Osten von der Eckernförder Bucht und der Kieler Förde umrahmt, ahnt der Strand- und Steilküstenwanderer die Weite der Ostsee und die Schönheit Schleswig-Holsteins, wenn er auf einer Bank ausruhend das in der Ferne gegenüberliegende Ufer oder einfach nur das offene Meer betrachtet und hinter sich die traumhafte Landschaft Schwedenecks weiß. »Wir Schwedenecker garantieren, dass die klassischen Tugenden Schleswig-Holsteins wie Ruhe und Naturnähe, gute und reine Luft und sauberes Wasser, vertraute Heimatlichkeit und gutes Essen bei uns noch vorhanden sind«, bringt es ein Infoschreiben der Kurverwaltung Schwedeneck von 1997 auf den Punkt.

Mit Kiel als Ziel vor Augen, folgen wir nun der Beschilderung Richtung Olympiastützpunkt der Segler in Schilksee, wo 1972 auch die Olympischen Segelwettbewerbe ausgetragen wurden. Jetzt sind es noch 13 Kilometer bis zum Wohnmobilstellplatz in **Kiel-Wik**. Er liegt direkt an der Einfahrt zum Nord-Ostsee-Kanal, der meist befahrenen künstlichen Wasserstraße der Welt. Für uns sind die Stellplätze viel zu eng, die Lage schäbig und die Gebühr von 15 Euro eher unangemessen. Sicherlich ist der Anblick der großen Schiffe beeindruckend, doch gibt es im Verlauf des Kanals weitaus schönere Flecken, die zum Übernachten einladen.

Kiel hat heute 246.000 Einwohner, gehört zu den 30 größten Städten Deutschlands und

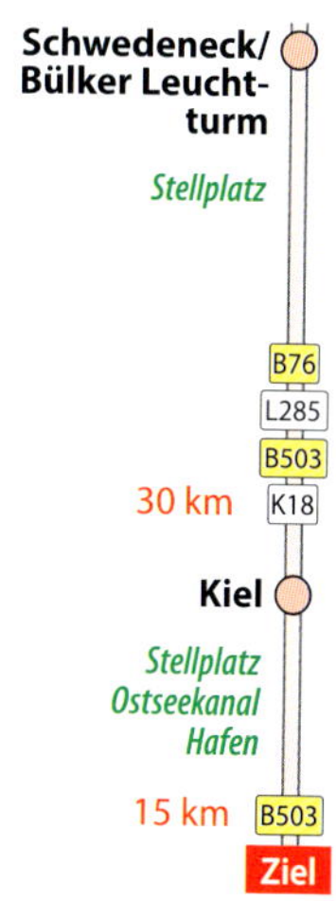

Bülker Leuchtturm mit Stellplatz

ist Schleswig-Holsteins Landeshauptstadt. Sie wurde im 13. Jahrhundert gegründet und als Holstenstadt tom Kyle erstmals erwähnt. 1900 überschritt sie erstmals die Marke von 100.000 Bürgern und wurde damit zur nördlichsten Großstadt Deutschlands. Sie ist der Endpunkt der meistbefahrenen Wasserstraße der Welt, dem »Kiel Canal«, zu Deutsch Nord-Ostsee-Kanal. Von hier geht es für die Schiffe über die Kieler Förde weiter über die Meere der Welt. Kiel ist traditionell ein bedeutender Stützpunkt der Deutschen Marine und Heimat des erfolgreichsten deutschen Handballvereins, dem THW Kiel. Der bekannteste kulinarische Verkaufsschlager ist die »Kieler Sprotte«. Von wirtschaftlicher Bedeutung sind neben dem Dienstleistungssektor die größte deutsche Werft ThyssenKrupp Marine Systems, ehemals Howaldtswerke-Deutsche Werft, und der Kieler Ostseehafen mit den Fähren nach Skandinavien und ins Baltikum.

Das größte Ereignis in der Region ist und bleibt aber die **Kieler Woche**. Diese jährlich stattfindende Segelregatta wird seit Ende des 19. Jahrhunderts in Kiel ausgetragen und gilt als die größte Segelsportveranstaltung der Welt. Auch für die Wohnmobiltouristen eine große Herausforderung! Denn wer nicht schon ein Jahr zuvor auf einem der umliegenden Campingplätze gebucht hat, wird wohl buchstäblich »in die Röhre« schauen. Die Stadt bemüht sich allerdings, in dieser Zeit Zusatzparkplätze für Wohnmobile bereitzustellen. Zu erwähnen ist besonders der Bereich Kiel-

Holtenau im hinteren Bereich der Ruder- und Seglervereine. Hier gilt: Wer zuerst kommt, hat einen Platz, allerdings ohne jegliche Versorgung. Entsorgung und Wasser gibt es am Clubhaus des Rudervereins. An der Promenade entlang sind es dann ca. 1,5 Kilometer zur Vergnügungsmeile und einem Teil der Anleger der historischen Windjammer.

Die Kieler Woche findet immer in der letzten vollständigen Juni-Woche statt, genauer: Sie endet stets am letzten Sonntag im Juni. Am Samstagabend acht Tage zuvor wird sie mit dem sogenannten Glasen, dem Typhon-Signal »Leinen los« und dem daran anschließenden Holstenbummel offiziell eröffnet. Inoffizieller Beginn des Volksfestes ist jedoch bereits am Freitagabend mit dem Soundcheck auf den Bühnen in der Kieler Innenstadt. Damit sind es insgesamt zehn Festtage, die mit einem 20-minütigen Feuerwerk über der Kieler Innenförde festlich enden.

Rund 5000 Segler aus über 50 Nationen bestreiten mit etwa 2000 Booten die Wettbewerbe. Die meisten Segelwettfahrten beginnen in Schilksee (Olympiazentrum Schilksee), dort liegt zum großen Teil das sportliche Zentrum der Kieler Woche. Aber auch an der Kiellinie entlang der Kieler Förde kann man vor allem vom Westufer aus weitere, kleinere Sportaktivitäten verfolgen wie Marinekutterregatten, Optimistensegeln, Kanupolo oder klassisches Kutterpullen. Ferner liefern sich stets am Mittwoch der Kieler Woche die großen Kieler Ruderclubs – EKRC, Germania, die Rudersportgruppe der Uni, der Akademische Ruderverein und die Schülerruderclubs – das Stadtachter-Rennen von der Blücherbrücke zum Schülerrudersteg. Die bereits 1893 ins Leben gerufene »Aalregatta« ist seit 1906 Teil der Kieler Woche und mittlerweile ihre traditionelle Eröffnungsregatta. Gesegelt wird die Strecke Kiel–Eckernförde–Kiel.

Zur Kieler Woche kommen jedes Jahr über drei Millionen Besucher in die Stadt. Dann bieten sich auch tolle Gelegenheiten, einmal mit einem der großen Windjammer mitzusegeln oder diese wenigstens ausgiebig zu besichtigen. Die großen Segelschiffe bieten zur Deckung ihrer Kosten mehrstündige Ausfahrten oder Regattabegleittouren an. Außerdem funktionieren sie in dieser Zeit einen Teil ihrer Messen (Speisesäle) zu Cafés um.

Für uns geht es nach fast einer Woche weiter nach Laboe, auf den zweiten Streckenabschnitt entlang der Ostsee.

Wohnmobilstellplatz Kiel Wiek

PRAKTISCHE HINWEISE

KARTE

Kümmerly+Frey, Karte 2 »Deutsche Ostseeküste«,
Maßstab 1:275 000, ISBN 978-3-259-01461-5

TOURISTINFORMATIONEN

Touristinformation Flensburg
Rote Str. 15–17, 24937 Flensburg,
Tel. 0461/909 09 20,
www.flensburger-foerde.de

Touristinformation Kappeln an der Schlei
Schleswiger Str. 1, 24376 Kappeln,
Tel. 04642/40 27, www.touristikverein-kappeln.de

Touristinformation Eckernförde
Am Exer 1, 24340 Eckernförde,
Tel. 04351/71 79 28, www.ostseebad-eckernfoerde.de

Touristinformation Kiel
Andreas-Gayk-Str. 31, 24103 Kiel,
Tel. 0431/67 91 00, www.kiel-sailing-city.de

CAMPING- UND STELLPLÄTZE

S 100 **Wohnmobilstellplatz Flensburg** (S. 165 E3)
Am Industriehafen, 24937 Flensburg,
Tel. 0461/909 09 20, www.flensburger-foerde.de
GPS-Daten: 54.798889, 9.437500
Einfacher Stellplatz für zehn Wohnmobile, kostenlos, kein Strom und Wasser, Entsorgung am Klärwerk, Kielseng 17. Teilweise Blick auf die Hafeneinfahrt, 1,5 Kilometer zur Innenstadt.

S 101 **Wohnmobilstellplatz Langballigau** (S. 165 F2)
Strandweg 3, 24977 Langballig,
Tel. 04636/308, www.campingplatz-langballigau.de
GPS-Daten: 54.821492, 9.658736
55 Stellplätze in verschiedenen Bereichen, sehr schön direkt am Deich gelegen, tolle Rad- und Wanderwege, kleiner Hafen und Gastronomie vor Ort.

C 102 **Campingplatz Ostseesonne** (S. 165 H3)
Gammeldamm 6, 24395 Pommerby,
Tel. 04643/22 23, www.camping-ostseesonne.de

Küstenweg am Campingplatz Ostseesonne

Der Hüsfeld-Hof

GPS-Daten: 54.763405, 9.971156
30 Stellplätze für Wohnmobile mit Ostseeblick reserviert, weitere möglich. Näher an die Ostsee geht nicht! Blick über Deich, Wasserentfernung 50 Meter.

S 103 Wohnmobilstellplatz Wackerballig (S. 165 G3)
Strandweg 2a, 24395 Gelting,
Tel. 04643/18 32 21, www.campingplatz-wackerballig.de
GPS-Daten: 54.755833, 9.878056
15 Stellplätze für Wohnmobile auf ehemaligem Parkplatz, 10 € inkl. Ver- und Entsorgung sowie Strom, duschen möglich für 1 €/Person. 100 Meter vom Yachthafen entfernt, toller Surfer-Strand, Restaurant Strandhuis.

S 104 Wohnmobilstellplatz Kappeln (S. 165 H4)
Am Hafen 23B, 24376 Kappeln,
Tel. 04642/15 63, www.ancker-yachting.de
GPS-Daten: 54.666622, 9.936908
50 Stellplätze für Wohnmobile am Ende des Nordhafens, 12 € inkl. Ver- und Entsorgung, Strom 0,50 €/kWh. Idyllisch an der Schlei gelegen, Einkauf 100 Meter, Altstadt und Hafen nur fünf Minuten zu Fuß.

C 105 Ostseecamping Gut Karlsminde (S. 165 H6)
24369 Waabs,
Tel. 04358/344, www.karlsminde.de
GPS-Daten: 54.496361, 9.937222
Reservierte Bereiche für Wohnmobile im hinteren Teil des Platzes, einige Plätze in erster Reihe am Strand, sehr hundefreundlich mit extra Wiese und Badesee. Einkaufsmöglichkeit vor Ort am Gutshof, Gastronomie am Platz, direkter Einstieg zum Ostseeradwanderweg. Etwas in die Jahre gekommen, aber für Kinder sehr schön mit großen Spielflächen.

S 106 Wohnmobilstellplatz am Noor (S. 165 G6)
Kakabellenweg, 24340 Eckernförde,
Tel. 04351/9050, www.stellplatzamnoor.de
GPS-Daten: 54.464571, 9.833538
50 Stellplätze mit 50 Quadratmetern Fläche, die tolle Ausstattung (inkl. WLAN) des gesamten Platzes lässt die 17 € verschmerzen. Einkaufsmöglichkeit 200 Meter entfernt, Fußweg zur Innenstadt, Hafen und Fördepromenade nur zehn Minuten, sehr stadtnah und doch sehr grün. Sanitärgebäude für einen Stellplatz außergewöhnlich, Markise, Tisch und Stühle erlaubt.

S 107 Wohnmobilstellplatz Bülker Leuchtturm (S. 166 B4)
Bülker Weg, 24229 Strande
GPS-Daten: 54.453814, 10.196399
Zehn Stellplätze für Wohnmobile bis 7,50 m Länge, kostenlos, ohne Versorgung und Strom. Direkt am Wasser, am Abend ruhig und bei klarem Wetter toller Blick bis nach Laboe.

C 108 Campingplatz Möltenort Kiel (S. 166 B5)
Uferweg 24, 24226 Heikendorf,
Tel. 0431/239 45 29, www.campingplatz-möltenort.de
GPS-Daten: 54.383976, 10.205214
Schöne Wiese für Wohnmobile jeder Größe, beste Lage zur Stadt mit Busverbindung und Radweg. Dies ist die Alternative zum Kieler Stellplatz in Wik, den wir für inakzeptabel und zu teuer halten.

2 VON BRASILIEN ÜBER KALIFORNIEN DURCH DIE SCHWEIZ

Holsteinische Schweiz und Urlaubsinsel Fehmarn

Mit wenigen Sätzen lässt sich die Vielfalt dieser grandiosen Tour gar nicht beschreiben. Wir starten in Laboe entlang der breiten Strände Brasiliens und Kaliforniens, ohne dafür ein Flugzeug besteigen zu müssen! Dann durchstreifen wir die Holsteinische Schweiz, die sich mit einer wunderbaren Seen- und Hügellandschaft präsentiert. Anschließend fahren wir über den Sund auf eine der beliebtesten deutschen Urlaubsinseln – Fehmarn. Bevor wir in Travemünde schließlich vor Anker gehen, vergehen abwechslungsreiche Tage. Einen ganzen Urlaub kann man bequem auf dieser Route verbringen.

Die Krokauer Mühle

Von Kiel kommend, erreichen wir am frühen Nachmittag den einfachen Stellplatz von **Laboe**. Er liegt direkt oberhalb der Promenade mit einem weithin sichtbaren 85 Meter hohen Marine-Ehrenmal. Hier sind auf Erinnerungstafeln alle U-Boot-Besatzungen aufgeführt, die im Zweiten Weltkrieg mit ihren Booten für immer im Meer versunken sind. Außerdem hat man am Strand die Gelegenheit, eines der letzten U-Boote, die U 995, zu besichtigen. Viele Besucher werden dabei bestimmt an den berühmten deutschen Film »Das Boot« erinnert. Aber Vorsicht: Ein U-Boot ist nichts für Menschen mit Platzangst!

Einen Besuch wert ist auch die **Meeresbiologische Station**, wo in 30 Aquarien gefleckte Katzenhaie, rote Knurrhähne, seltene Seehasen und andere Meerestiere leben. Besonders zu erwähnen, dass im Eintrittspreis von fünf Euro eine Führung beinhaltet ist. Wem nach so viel geistiger Nahrung nach Nahrungsaufnahme ist, dem empfehlen wir direkt am Stellplatz einen frisch zubereiteten Backfisch mit Pommes frites und Getränk für nur sieben Euro.

Gastwirten angeboten werden, stetig. Nimmt man die gastronomischen Leistungen nicht in Anspruch, wird meist eine kleine Gebühr zwischen fünf und acht Euro fällig.

UNTERWEGS ÜBER LAND

Auch wenn wir uns keinesfalls auf einer kulinarischen Rundreise befinden: Unterwegs über Land mit dem Wohnmobil ist es immer ein guter Tipp, an einem Gasthaus mit schönem Parkplatz zu nächtigen. Bei Einkehr und einer freundlichen Nachfrage wurden wir noch nie abgewiesen. Auch wächst die Anzahl von Wohnmobilstellplätzen, die von Gastwirten angeboten werden, stetig. Nimmt man die gastronomischen Leistungen nicht in Anspruch, wird meist eine kleine Gebühr zwischen fünf und acht Euro fällig.

Für uns geht es unterdessen die B 502 entlang, hinein in die Landschaft der Probstei, die sich durch besonders saftige Wiesen mit darauf grasenden schwarzbunten Holsteiner Kühen auszeichnet. Bei **Wisch** rechts entdecken wir die Krokauer Mühle und direkt an der Mühle das italienische Restaurant »La Casereccia«, womit wir wieder beim Thema

ROUTE 2

START- UND ENDPUNKT
Laboe und Travemünde

STRECKEN
überwiegend Land- und Kreisstraßen

STRECKENLÄNGE
ca. 280 Kilometer

FAHRZEIT
4 bis 14 Tage

BESTE JAHRESZEIT
April bis Oktober

SPECIAL

FISCH – IMMER GERN UND ÜBERALL

Fischliebhaber kommen an der gesamten Ostsee voll auf ihre Kosten. Angeboten wird überwiegend regionaler Fang, Modefische wie Pangasius oder Red Snapper sucht man hier vergeblich. Vom frisch zubereiteten Matjesbrötchen über den berühmten Backfisch bis hin zum Fischmenü im Restaurant findet wirklich jeder das Richtige für sich. Und besonders zum Lunch gibt es nahezu überall günstige Angebote, oft sogar unter zehn Euro. Bei gemischten Fischfilet-Tellern ist es durchaus legitim, kurz nachzufragen, um welche Arten es sich handelt und ob diese frisch zubereitet sind oder tiefgefroren waren. Eine besondere Spezialität an der gesamten Küste ist die »Kutterscholle«, sozusagen der Rolls-Royce unter den Schollen. In Hamburg zum Beispiel schlägt solch ein Essen gern schon mal mit weit über 20 Euro zu Buche, während es vor allem in Mecklenburg-Vorpommern im Schnitt für 14 Euro auf der Karte erscheint.

Das Eisenbahnmuseum in Schönberg

wären: Der dazugehörige Stellplatz auf der Wiese lädt geradezu zwingend zu einem guten Mahl und einer Übernachtung ein.

Die **Krokauer Mühle** ist die älteste noch erhaltene Mühle im Kreis Plön. Erbaut im Jahre 1829 als »Erdholländer« (die im Jahre 1590 gebaute Bockmühle wurde dadurch ersetzt), befindet sie sich seit 1893 in Privatbesitz, nachdem das Kloster Preetz die Eigenbewirtschaftung aufgab. Bis 1951 nutzte man für den Betrieb der Mühle noch die Windkraft. 1980 wurde sie unter Denkmalschutz gestellt. Bis 1983 restaurierte man Rumpf, Flügel, Kappe und Windrose und bewahrte so das Gebäude vor dem Verfall. Leider kann die Schönberger Mühle nur sonntags von 14 bis 17 Uhr besichtigt werden, allerdings sind Sonderführungen nach Vereinbarung (Tel. 04344/6351) möglich.

Nach diesem schönen Abstecher, wo wir unseren Blick abseits der geplanten Strecken wandern lassen konnten, setzen wir unseren Weg Richtung Schönberg fort.

ORIGINELLE NAMENSGEBUNG

Einer der vielen Reize des Ostseebadeortes Schönberg ist, dass man zu Fuß in nur fünf Minuten von Brasilien nach Kalifornien gehen kann! Denn Schönberg umfasst auch den Ortsteil Neuschönberg sowie die Strandabschnitte Schönberger Strand, Kalifornien und Bra-

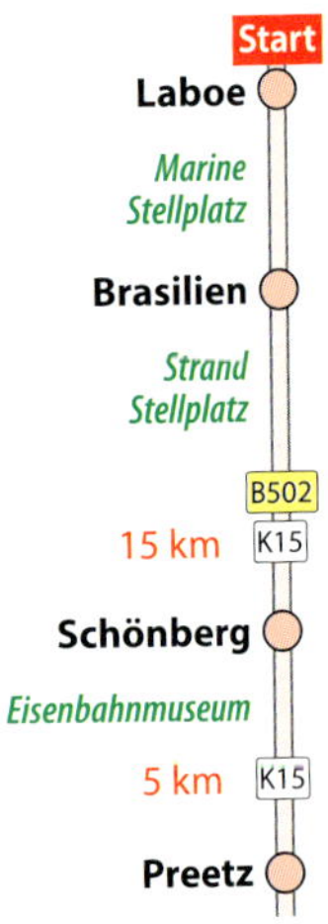

KULTUR

SCHÖNBERGER EISENBAHNMUSEUM

Der Museumsbahnhof Schönberger Strand ist bundesweit einzigartig, denn neben historischen Eisenbahnen mit Dampf- und Dieselbetrieb beherbergt der Bahnhof die einzige noch in Betrieb befindliche historische Straßenbahnstrecke auf dem Gelände. Uralte Triebwagen verkehren hier auf einer reizvollen Kleinbahnstrecke zwischen dem Hauptort Schönberg und dem Schönberger Strand, darüber hinaus durch die Landschaft der Probstei. Im Bahnhofsgebäude werden am alten Schalter Fahrkarten verkauft, mit denen man für ein paar Runden in die Vergangenheit fahren kann. Das Museum bietet auch Sonderfahrten an. Besonders gut gefielen uns die Fahrten mit der alten Straßenbahn über das Museumsgelände. Wohnmobile können übrigens direkt am Museumsbahnhof parken.

Info: Museumsbahnen Schönberger Strand, Am Schierbek 1, 24217 Schönberger Strand, Tel. 04344/2323, www.vvm-museumsbahn.de

silien. Wie es zu diesen Namensgebungen der beiden Letztgenannten kam, ist eine kurze Erklärung wert.

Einst fand ein Fischer am Strand nahe seiner Hütte eine alte morsche Schiffsplanke, auf der »California« stand. Wohl in einem Anflug von Fernweh nagelte er das Holzscheit an seine Haustür. Wenige Zeit später entdeckte ein zweiter Fischer, der etwas östlicher am Strand wohnte, das neue Türschild seines Nachbarn. Inspiriert und kurz entschlossen suchte er sich ein passendes Stück Holz, pinselte das Wort »Brasilien« darauf und nagelte es ebenfalls an die Tür seines Hauses. Letztlich wurden aus diesen exotischen Türschildern offizielle Ortsteilbezeichnungen. Der Abschnitt Kalifornien zählt übrigens zurzeit 426 Einwohner, Brasilien hingegen nur 19.

Das Besondere an Brasilien ist der dahinter gelegene »Grünstreifen«, der sich bis zum Schönberger Strand fortsetzt. Hier tummeln sich die »Nicht-Sandliebhaber«, Kinder, die ihren Drachen steigen lassen, viele Fahrradfahrer sowie Skater, die den herrlich ausgebauten Ostseeradwanderweg nutzen. Unser Augenmerk gilt aber vor allem dem direkt im Anschluss angelegten Wohnmobilstellplatz. Früher teilte man sich diesen Platz noch mit parkenden Autos, heute bietet er 80 Wohnmobilen eine Stellfläche. Etwas außerhalb am Mittelstrand gelegen, sind es ca. vier Kilometer bis Schönberg. In dem kleinen Städtchen kann man gemütlich einkaufen oder essen gehen.

HOLSTEINISCHE SCHWEIZ

Nur 21 Kilometer südlich von Schönberg erreichen wir **Preetz** und befinden uns damit in der Holsteinischen Schweiz. Das hübsche Preetz, unter anderem bekannt durch seine Holzschuhmacher-Tradition, ist ein Abste-

In der Holsteinischen Schweiz

Der Ostseeradweg bei Brasilien

Campingplatz am Kanuclub Preetz

cher, den Sie sich in keinem Fall entgehen lassen sollten. Wenn Sie einen Abend hier verbringen möchten, empfehlen wir den kleinen Campingplatz am See, der zum Kanuclub gehört. Die Zufahrt sieht etwas eng und steil aus, lässt sich aber gut meistern. Wenn Sie sich trotzdem nicht sicher fühlen, sollten Sie kurz aussteigen und die Strecke zu Fuß abgehen – ein Tipp, den Sie sich sowieso immer mal wieder zu Herzen nehmen sollten.

Als **Holsteinische Schweiz** wird das östliche Hügelland Holsteins bezeichnet, eine Region, die in der letzten Eiszeit geformt wurde. Die geografisch nicht genau begrenzte Kulturlandschaft beinhaltet unter anderem den Naturpark Holsteinische Schweiz und zählt zu den wichtigsten Tourismusregionen in Norddeutschland. Sie erstreckt sich weitgehend in den Kreisen Ostholstein und Plön, ungefähr zwischen den Städten Lübeck und Kiel und reicht bis an die Ostseeküste. Größere Orte sind unter anderem Bad Malente, Lütjenburg, Oldenburg in Holstein, Preetz und die alten Residenzstädte Eutin und Plön.

Der Name »Holsteinische Schweiz« geht auf das 19. Jahrhundert zurück, in dem bei entsprechend Begüterten Reisen in die Schweiz beliebt waren, weshalb sich auch andere Regionen gern den Namenszusatz »Schweiz« gaben. Am 20. Mai 1885 eröffnete Johannes Janus am Kellersee in Malente das Hotel »Holsteinische Schweiz«, das sich großer Beliebtheit erfreute. Der Name des Hotels wurde zunächst auf den Bahnhof Holsteinische Schweiz übertragen und später auf die gesamte Gegend.

Der Reiz dieser besonderen Region erklärt sich aus der vielgestaltigen und malerischen Landschaft. Kleinere Waldgebiete wechseln mit durch Knicks gegliederten Ackerflächen ab, dann wieder bestimmen niedrige Hügel das Bild, zwischen denen sich eine Vielzahl von Seen befindet. Zu ihnen gehören unter anderem der Große Plöner See, der Dieksee oder der Kellersee. Flüsse und Auen durchziehen die herrliche Gegend und durchfließen manche Seen. Die Kossau beispielsweise fließt durch den Tresdorfer See, um dann im Großen Binnensee zu enden. Die Schwentine mit Einmündung in die Kieler Förde ist mit 62 Kilometern einer der

Naturcamping an den Plöner Seen

Das Plöner Schloss

längsten Flüsse Schleswig-Holsteins. Höchster Punkt der Holsteinischen Schweiz ist der immerhin 168 Meter hohe Bungsberg bei Schönwalde, die höchste Erhebung in Schleswig-Holstein überhaupt.

PLÖN UND SEINE SEEN

Von Preetz aus legen wir lediglich 15 Kilometer auf der Bundesstraße zurück, um zu unserer nächsten Station zu kommen: **Plön**. Die Kreisstadt mit etwa 8700 Einwohnern liegt direkt am größten Binnensee Schleswig-Holsteins, dem Großen Plöner See, und sie ist eingebettet in die hügelige Seenlandschaft der Holsteinischen Schweiz. Nur 7,8 Quadratkilometer des Stadtgebietes sind Landfläche. Der Rest des Stadtgebiets verteilt sich auf elf Seen, die vollständig zur Stadt Plön gehören, zum Beispiel Behler See, Edebergsee, Höftsee, Großer und Kleiner Madebrökensee oder Schöhsee. An fünf weiteren Seen hat Plön einen Anteil, dazu gehören unter anderem der Große und der Kleine Plöner See sowie der Trammer See.

Wahrzeichen der Stadt ist das Schloss, das im 17. Jahrhundert erbaut wurde. Die Stadt besitzt ein Gymnasium mit 300-jähriger Geschichte, ist Standort der Marineunteroffizierschule und Sitz des Max-Planck-Instituts für Evolutionsbiologie. Besonders schön ist ein abendlicher Spaziergang durch die reizvolle Altstadt mit ihren zahlreichen Seitengassen. Diese haben eines gemeinsam: Nahezu alle führen bergauf zum Schloss und beherbergen ganz oft hübsche Gastwirtschaften. Bei besagtem Schloss aber sollte unser Spaziergang spätestens enden. Denn im Restaurant Pförtnerhaus Schloss Plön können wir einen tollen Blick auf das Schloss und die unten im Tal liegenden Seen genießen.

Einen, allerdings wenig einladenden, Stellplatz für uns Wohnmobilisten gibt es direkt an der Straße in Richtung Ascheberg. Der Parkplatz mit kleinem Imbiss ist in den Sommermonaten ein beliebter Treff für Motorradfahrer und daher bis in die Dunkelheit hinein sehr laut. Deshalb empfehlen wir, in dieser schönen Umgebung einen Campingplatz aufzusuchen, so kann man den Tag stilvoll am Wohnmobil ausklingen lassen. Sie haben die Wahl zwischen **Camping Spitzen-**

Kindervergnügen am Weingut Ingenhof

ort und **Camping Gut Ruhleben**, für Letzteren hatten wir uns entschieden. Er liegt Richtung Eutin direkt nach der Ausfahrt aus Plön rechts, wie auf einer kleinen Halbinsel. Die absolut ruhige Naturlage und der Blick über den See bis zum Schloss sind sehr erlebenswert. Der mehr als zwölf Hektar große Campingplatz teilt sich in verschiedene Bereiche. Ein großer Kinderspielplatz, ein Bolzplatz, eine Auslauffläche für Hunde, ein Bootshafen mit Slipanlage und ein Badestrand komplettieren das Urlaubsvergnügen. Fast überflüssig zu erwähnen, dass die Freunde des Angelsports ebenfalls herzlich willkommen sind.

LETZTE STATION EUTIN

Über Sielbeck am Krummensee und das Fährhaus von Fissan erreichen wir das letzte Ziel unseres Abstechers in die Holsteinische Schweiz: **Eutin**. Die Stadt gehört zum Kreis Ostholstein in Schleswig-Holstein, hat heute ca. 16 000 Einwohner und liegt schön am Ufer des Großen Eutiner Sees. Die einstige slawische Siedlung »Utin« wurde im 12. Jahrhundert Sitz der Bischöfe von Oldenburg und somit Mittelpunkt geistlicher Herrschaft. Nach schweren Rückschlägen im 16. und 17. Jahrhundert durch Kriege, Brände und

KULTUR

WEINGUT INGENHOF

Eine romantische Route führt oberhalb von Malente in das kleine Dorf Malkwitz. Über einer wunderschönen Hofeinfahrt hängt ein großes Schild: »Herzlich willkommen am Weingut Ingenhof«. Genau so ist das auch gemeint, also unbedingt den Blinker setzen und einfahren. Die erste Hoffläche links lädt selbst große Wohnmobile zum Parken ein. An der Seite kann man übrigens zwei kostenlose Stellplätze mit Blick ins Grüne finden. Der Ingenhof rühmt sich, den nördlichsten Weinberg Deutschlands sein Eigen zu nennen. So bekommen Sie hier alles geboten: Weinbergführung, Hofladen mit eigenen Produkten, Feldcafé, Spielplatz für Kinder und dazu noch einige Streicheltiere – Herz, was willst du mehr! Die Auswahl der Rebsorten ist genau auf die norddeutschen klimatischen Bedingungen abgestimmt. Und selbstverständlich können Sie auch eine Flasche (oder mehr) käuflich erwerben. Info: Weingut Ingenhof, Dorfstr. 19, 23714 Malente, Tel. 04523/202159, www.ingenhof.de.

die Pest erblühte die Stadt im 18. Jahrhundert neu unter der Herrschaft von Friedrich August. Das heutige Stadtbild Eutins ist geprägt von historischen Fachwerkhäusern, kleinen Gassen und gemütlichen Boutiquen, Ateliers und Cafés. Aufgrund der reichen Geschichte Eutins und seiner Lage inmitten des Naturparks Holsteinische Schweiz bietet die Stadt sowohl Kultur- als auch Naturliebhabern ein ideales Ausflugsziel.

Carl Maria von Weber ist der wohl berühmteste Sohn der Stadt. Ihm zu Ehren werden alljährlich die renommierten Eutiner Festspiele auf der Naturbühne am Großen Eutiner See veranstaltet. Auch Johann Heinrich Wilhelm Tischbein verbrachte als Hofmaler seine letzten zwanzig Lebensjahre in Eutin. Neben dem historischen Stadtkern gehört das barocke Residenzschloss mit seinem weitläufigen englischen Landschaftsgarten zu den wohl schönsten Sehenswürdigkeiten. Eine Dauerausstellung im Schloss gibt Einblicke in die damaligen Wohnverhältnisse der Herzöge von Oldenburg. Der ehemalige Marstall beherbergt heute das Ostholstein-Museum mit einer Ausstellung zur Stadtgeschichte.

Nur wenige Gehminuten vom Schloss entfernt befindet sich der Eutiner Seepark mit seinem Rosengarten und der Seepromenade. Eine, wie wir finden, sehr sympathische Besonderheit Eutins: Die sogenannte **Bräutigamseiche** im Dodauer Forst besitzt eine eigene Postadresse, an die Liebende seit jeher ihre Briefe schicken können. Die Briefe werden von der Post im Astloch deponiert und von Kontaktsuchenden entnommen und beantwortet. Auch so manche Ehe soll auf diesem Wege bereits entstanden sein.

Das Eutiner Schloss

RICHTUNG NORD

Gut 70 Kilometer sind es jetzt noch zur Ferieninsel Fehmarn, drittgrößte Insel Deutsch-

Maschinenhalle im Museumshof Lensahn

Historische Landidylle im Museumshof Lensahn

lands. Doch wir unterbrechen unsere Fahrt zunächst am **Museumshof in Lensahn**. Unser Vorschlag: Alle Mobiltelefone bleiben im Wohnmobil und wir tauchen ab in die Vergangenheit eines Bauernhofes aus dem Jahr 1797. Auf vier Hektar gibt es viel zu entdecken und zu experimentieren. Ja, richtig gelesen, vieles ist zum Anfassen und Ausprobieren. Alte Handwerksgeräte, Feldarbeitsgeräte, Maschinen, Traktoren und mehr. Hoftiere gibt es selbstverständlich auch sowie eine alte Gaststube, wo uns landestypische Stärkungen und selbst gemachte Kuchen erwarten. Die Lebensumstände der verschiedenen Zeitabschnitte kann man dank der erhaltenen Räume und Anschauungsobjekte gut nachvollziehen.

Bis 1992 wurde der Hof noch bewirtschaftet, danach unter Mitwirkung von Altbauer Friedrich Haman sowie vielen Freiwilligen in die heutige Form gebracht. Übrigens sind, im Gegensatz zu vielen anderen Museen, auch vierbeinige Fellnasen willkommen. Der geschotterte Parkplatz des Museums ist sehr großzügig und für alle Gewichtsklassen und Größen von Wohnmobilen geeignet. Außerdem liegt er sehr zentral, sodass man sich gut in den umliegenden Geschäften versorgen kann. Eine Übernachtung ist ebenfalls problemlos möglich.

Willkommen in Heiligenhafen

NATURLEHRPFAD AM MUSEUMSHOF

Auf dem **Naturlehrpfad** am Museumshof Lensahn machen Groß und Klein einen gemütlichen Spaziergang, der interessantes Wissen über die Anbaubereiche eines Bauernhofs vermittelt und dazu jede Menge Abwechslung bereithält. Der Lehrpfad ist 2,4 Kilometer lang und bietet vielfältige Stationen. Anhand der Museumsfelder von Lensahn lernen Interessierte zunächst den Ablauf der Bewirtschaftung von der Aussaat bis zur Ernte kennen. Es werden viele Getreidearten angepflanzt, aber auch Flachs, Hanf, Gelbsenf, Sonnenblumen und sogar Tabak lassen sich auf den Feldern näher betrachten.

An Alleen entlang geht es weiter mit 326 verschiedenen Baumarten und 232 alten Obstsorten. Ebenfalls allerhand zu entdecken gibt es an den Teichbiotopen. Das Labyrinth ist vor allem spannend für Kinder – Orientierungssinn ist hier gefragt! Schließlich genießen alle den Blick vom Aussichtsturm. Gemütliche Rastplätze entlang des Naturlehrpfades laden zum Picknick und Ausruhen ein.

Nach wohlverdienter Rast wartet ein historischer Bauerngarten mit Buchsbaumhecken, alten Stauden, Blumenzwiebelgewächsen, Steingarten und integrierter Bienenzucht auf Ihren Besuch. Oder Sie lassen sich von der Nase leiten und durchforsten einen Riech- und Färbergarten mit ca. 54 verschiedenen Pflanzen sowie eine begehbare Kräuterspirale mit 24 verschiedenen Küchen- und Arzneikräutern. Ebenfalls spannend: die sogenannte Naturinsel. Mit ihr wurde neuer Lebensraum für zahlreiche Insekten, Vögel und Fledermäuse geschaffen.

HEILIGENHAFEN

Bevor wir nun auf der B207 die Fehmarnsundbrücke überqueren, schauen wir uns für Sie noch die Wohnmobilstellplätze in Heiligenhafen an. Heiligenhafen hat mit den dazugehörenden Ortsteilen Ortmühle und Strandhusen ca. 9000 Einwohner. Die Marina Heiligenhafen ist einer der schönsten Yachthäfen an der Ostseeküste. Verteilt auf 14 Bootsstege, verfügt der Hafen über 1000 Liegeplätze. Der Ortskern liegt an einer Bucht, deren künstlich abgetrennter Teil als Binnensee bezeichnet wird, jedoch Zugang zur Ostsee hat. Durch eine vorgelagerte Landzunge, bestehend aus **Steinwarder** und **Graswarder**, ist er von der Ostsee optisch getrennt.

Der Graswarder ist Vogelschutzgebiet. Westlich des Ortes befindet sich eine Steilküste. Die Wohnmobilstellplätze liegen beide am genannten Binnensee und über die gut ausgebaute Promenade ist man schnell in der Innenstadt. Der Stellplatz am Steinwarder ist allerdings Teil eines öffentlichen Parkplatzes. Wer sich spontan für eine Übernachtung entscheidet, findet vor dem Booststeg 6 im Yachthafen einen Informationspavillon der Tourismuszentrale, hier werden auch gern »vor Anker« liegende Wohnmobilisten mit dem Nötigsten versorgt.

FERIENINSEL FEHMARN – DIE FAKTEN

Die deutsche Ostseeinsel **Fehmarn** ist nach Rügen und Usedom mit rund 185 Quadratkilometer Fläche die drittgrößte Insel Deutschlands, liegt im Kreis Ostholstein und ist geprägt von Landwirtschaft und Tourismus. Am 1. Januar 2003 wurde die Stadt Fehmarn durch die Fusion aller damaligen Inselgemeinden gebildet. Heute ist Fehmarn nach Lübeck die flächenmäßig zweitgrößte Stadt Schleswig-Holsteins, Hauptort und Verwaltungssitz ist der Ort Burg.

Die Insel liegt zwischen Kieler Bucht und Mecklenburger Bucht in der Ostsee und

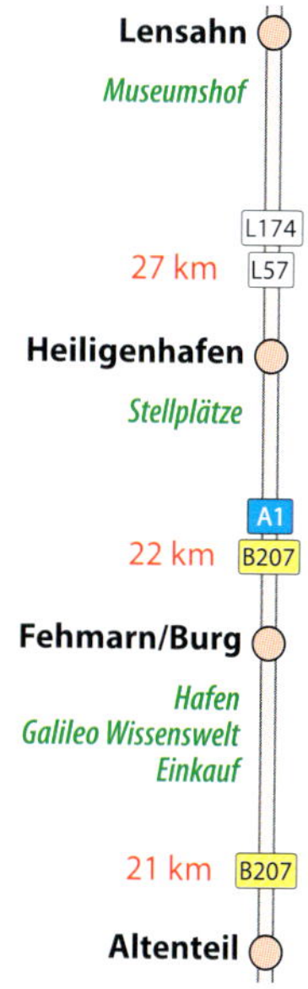

Wohnmobilstellplatz Heiligenhafen

Der Hafen in Burg auf Fehmarn

verfügt über rund 78 Kilometer Küstenlinie. Durch die **Fehmarnsundbrücke** ist sie mit der Halbinsel Wagrien verbunden. In Staberhuk befindet sich der östlichste, in Marienleuchte der nordöstlichste Punkt Schleswig-Holsteins. Zwei sehr unterschiedliche Küstenlandschaften kennzeichnen das Bild: Im Norden zwischen Markelsdorfer Huk und Puttgarden verläuft eine sanfte Dünenlandschaft mit Nehrungshaken und Strandseen. Die Ostküste dagegen ist steinig und von Kliffküste geprägt. Bei Burgtiefe und beim Wulfener Hals im Süden finden sich die weißesten Sandstrände der Insel. Hier wie auch im Westen ist die Küste flach. Sowieso liegt die Insel nur wenig über Meereshöhe. Mit seinen immerhin 27,2 Metern bildet der Hinrichsberg ihre höchste Erhebung, ihm folgt der Wulfener Berg mit 26,5 Metern.

Stellplatz am Fehmarnbelt

Größter Ort der Insel ist Burg, die Ortschaft zählt rund 6000 Einwohner. Weitere 8000 Menschen leben verteilt in den anderen 42 Ortschaften der Insel. Die Dörfer Landkirchen und Petersdorf sind ebenfalls von einiger Bedeutsamkeit, ein Besuch lohnt sich durchaus. Auf oder nahe Fehmarn liegen mehrere kleine Inseln, so etwa die unbewohnte, etwa zehn Hektar große Warder in der Orther Reede oder die Kohlhoffinsel im Burger Binnensee mit einer Fläche von etwa vier Hektar.

EINE RUNDE FEHMARN

Die beliebte Urlaubsinsel ist »platt wie eine Flunder« und somit ein wahres Paradies für Fahrradfahrer. Auch ohne elektrische Unterstützung kann man hier richtig Strecke machen und für Kinder ist das bestens geeignet, um gemeinsam mit den Eltern auf Tour zu gehen. Vielleicht steht die einzige Ostseeinsel Schleswig-Holsteins deshalb seit Jahrzehnten, auch bei Campingfreunden, als Urlaubsdomizil ganz oben auf der Beliebtheitsskala. Natürlich sind daher auch unzählige Bücher und Veröffentlichungen mit ausführlichen Ausflugstipps verfügbar, sodass wir hier eine gewisse Auswahl treffen mussten.

Eines schon mal vorweg: Die Insel ist moderner und quirliger geworden. Hier muss man auf nichts verzichten. Sonntags haben

alle Einkaufsmärkte und Discounter von 12 bis 18 Uhr geöffnet (wie oft im Verlauf der schleswig-holsteinischen Küste), Kinderanimationen in allen Variationen und auch McDonald's fehlen nicht auf der Liste der schier unendlichen Möglichkeiten. Einen kleinen Wermutstropfen gibt es vielleicht doch: Die Infrastruktur und die Straßenverhältnisse sind nicht wirklich camperfreundlich. Kilometerlanges Kopfsteinpflaster und Schlaglöcher sowie enge »Feldwege« zu den Wegen ans Wasser sind keine Seltenheit, verlangen Mensch und Maschine einiges ab.

Wir steuern zur Orientierung zunächst die »Inselhauptstadt« **Burg** mit dem dazugehörigen Hafen am Burger Binnensee in Burgstaaken an. Es ist Freitagnachmittag und das Hafengebiet mit seinen Sehenswürdigkeiten ist gut gefüllt. Dies gilt übrigens auch für die Gastronomiebetriebe, viele davon als Selbstbedienungsrestaurants geführt. An der Kaimauer entlang bieten einige Verkaufsstände zumeist regionale Produkte oder Selbstgemachtes an. Eine reiche Auswahl, wo man auch noch eine gute alte Postkarte oder das Mitbringsel für die Daheimgebliebenen erwerben kann.

Unser nächstes Ziel sind die Campingplätze im nordwestlichen Teil der Insel. Ab dem Ortsteil **Altenteil** beginnt allerdings

Typisch Fehmarn über Land

SPECIAL

SEENOTRETTUNGSMUSEUM

Kennen Sie noch die Modelle der Seenotrettungskreuzer, welche z. B. den Tresen einer Gastwirtschaft zierten und als Spendengefäß dienten – in Norddeutschland bis heute noch sehr üblich? Das Museum zeigt sehr lebendig, was es heißt, Schiffbrüchige aus Seenot zu retten. Hauptattraktion dabei ist der legendäre Kreuzer »Arwed Emminghaus« mit seinem Tochterboot »Alte Liebe«. Vorgeschaltet ist die Ausstellung »Abenteuer Seenotrettung«, mit einem Kino, zahlreichen Bild- und Tondokumenten, vielen Ausstellungsstücken sowie Schiffsmodellen zur Geschichte der Seenotrettung in den letzten 150 Jahren. Dann kann der Besucher durch Öffnen zahlreicher Schranktüren ins Innere der Arwed Emminghaus vordringen und bekommt einen Einblick in die traditionsreiche Rettungstechnik und die Seenotrettung auf der Insel Fehmarn. Informationen zur Arbeit der Deutschen Gesellschaft zur Rettung Schiffbrüchiger gibt es aus erster Hand von aktiven oder ehemaligen Besatzungsmitgliedern. Wirklich spannend! Info: Seenotrettungsmuseum Fehmarn, Burgstaaken 89, 23769 Fehmarn, Tel. 04371/8797777, www.seenotrettungsmuseum-fehmarn.de. Auf dem nicht sehr einladend wirkenden Parkplatz darf man gegen eine Gebühr von zehn Euro übernachten.

Das NABU-Center in Wallnau

wieder einer der besser ausgebauten »Feldwege«, also bitte vorher prüfen, ob alle Schränke gut verschlossen sind und kein Geschirr durch das »Eigenheim« purzelt. Am Ende der Strecke haben wir die Wahl zwischen dem Campingplatz Fehmarnbelt, Altenteil und Belt Camping. Den kleinen Platz Camping am Deich empfehlen wir aufgrund der Zufahrt und Ausrichtung der Stellplätze nur für Fahrzeuge bis maximal sechs Meter, besonders für Camping-Vans und -Busse.

Inspizieren Sie die Plätze mit ihren verschiedenen Angeboten am besten kurz selbst und treffen Sie dann die eigene Wahl. Landschaftlich sehr reizvoll, abseits vom Verkehr und ganz nah am Wasser gelegen sind alle drei. Gemittelt zu allen und in einer Entfernung von rund 300 Metern befindet sich das Ristorante Pizzeria Bella Italia. Also muss selbst in der Einsamkeit auf nichts verzichtet zu werden. Das Essen und das Preis-Leistungs-Verhältnis sind sehr gut. An manchen Tagen ist sogar eine Reservierung notwendig. Wir haben den Stellplatz mit Meerblick vor der Schranke des Campingplatzes Fehmarnbelt gewählt. Aufgrund seiner Lage am Inselende (**Leuchtturm Markelsdorfer Huk**) mit Ostsee- und Binnenseeanbindung ist er hervorragend zum Baden und Surfen geeignet. Hinzu kommt, dass der Stellplatz mit vier bis sechs Euro sensationell günstig ist. Gegen eine Extragebühr sind Strom und die Nutzung der Sanitäranlagen möglich – ein tolles Angebot und klasse, wenn man nur für das bezahlt, was man auch nutzt. Vielleicht ein Vorbild für alle Campingplatzbetreiber, um für Wohnmobilisten attraktiver zu werden? Auch für Bordhund Henry sind der Auslauf, der nah gelegene Wald und die Möglichkeit, an den Strand zu gehen, eine glatte Zehn wert! Gern wären wir länger geblieben, doch wir haben im Anschluss ein ganz besonderes Ziel vor Augen – Sie dürfen natürlich noch verweilen und genießen, bevor Sie uns folgen.

RESERVAT WALLNAU

Ein Abstecher ins **NABU-Wasservogelreservat Wallnau** lohnt unbedingt. Es ist das größte Naturschutzzentrum des NABU (Naturschutzbund Deutschland e. V.) und eines der wichtigsten deutschen Schutzgebiete für Zugvögel. Das Reservat liegt an Fehmarns Westküste und umfasst im Kern knapp 300

Blick über die Wiesen auf Fehmarn

Die Fehmarnbelt-Brücke

Hektar Land, bestehend aus Schilfflächen, Teichen, (Feucht-)Wiesen, kleineren Gehölzen, einem Teil der Ostsee und des Strandgürtels. Das Naturschutzzentrum selbst beherbergt eine sehenswerte Ausstellung zum Thema Vogelzug. Haupt- und ehrenamtliche Mitarbeiter leisten intensive naturschutzfachliche Arbeit sowie Öffentlichkeitsarbeit.

Ursprünglich war dieses Gebiet eine Ostseebucht. Dann allerdings bildete sich ein Nehrungshaken, der den entstehenden Binnensee vor 400 Jahren schließlich komplett von der Ostsee trennte. Im 19. Jahrhundert legte man das Gebiet trocken. Im Zuge davon entstanden zahlreiche Fischteiche, außerdem wurde die Fläche lange für landwirtschaftliche Zwecke genutzt. Im Jahr 1975 kaufte der Deutsche Bund für Vogelschutz (heute NABU) gemeinsam mit dem Kreis Ostholstein das Gebiet und bereits zwei Jahre später wies man es als Naturschutzgebiet aus, was den dort brütenden und rastenden Vogelarten zugutekam. Um die Lebensräume dieser Vögel weiter zu optimieren, wurden in einigen Bereichen zusätzliche landschaftsgestalterische Maßnahmen durchgeführt.

2010 wurde dem NABU Wallnau die Betreuung dreier weiterer Schutzgebiete auf Fehmarn übertragen. Damit wurde ein vernetztes Schutzgebietssystem geschaffen. Eine Teilfläche grenzt nördlich an das Naturschutzgebiet »Wallnau/Fehmarn« an. Zwei Teilflächen befinden sich zwischen dem Naturschutzgebiet »Wallnau« und dem ebenfalls vom NABU betreuten »Naturschutzgebiet Krummsteert-Sulsdorfer Wiek/Fehmarn«. Die Halbinsel Spitzenorth und die Inseln in der Lemkenhafener Wiek, die u. a. eine große Silbermöwenkolonie beherbergen, werden künftig ebenfalls vom NABU Wallnau betreut.

Eine besondere Begebenheit zum Schluss: Nahe des heutigen NABU-Reservats fand 1970 das berühmte Love-and-Peace-Festival statt. Bei diesem mehrtägigen Musik-Event gab Jimi Hendrix seinen letzten Auftritt, bevor er starb. Noch heute pilgern Fans zu dem dort aufgestellten Gedenkstein.

Das Angebot im Wasservogelreservat ist so umfangreich und interessant, dass mit Naturpfad, Tast- und Schnupperpfad, Aussichtsturm und vielem mehr ein ganzer Tag wie im Flug vergeht. Je nach Saison werden verschiedene Führungen und Mitmachprogramme angeboten. Wer will, kann sogar bei einer Vogelzählung helfen. Erkundigen Sie sich vorher im Internet oder telefonisch. Für das Leibliche sorgt das Bistro mit speziellen Mittagsmenüs oder selbst gemachten Kuchen zur Kaffeezeit, wer lieber picknickt, findet immer ein lauschiges Plätzchen. Auch hier gilt – Hunde an der Leine sind erlaubt!

SULSDORF UND LEMKENHAFEN

Wir sind nicht weit entfernt von **Sulsdorf** und nutzen die Gelegenheit, den Bauernhofcampingplatz Kleingarn anzufahren – ein Tipp für alle, die einen entspannten Abend ohne

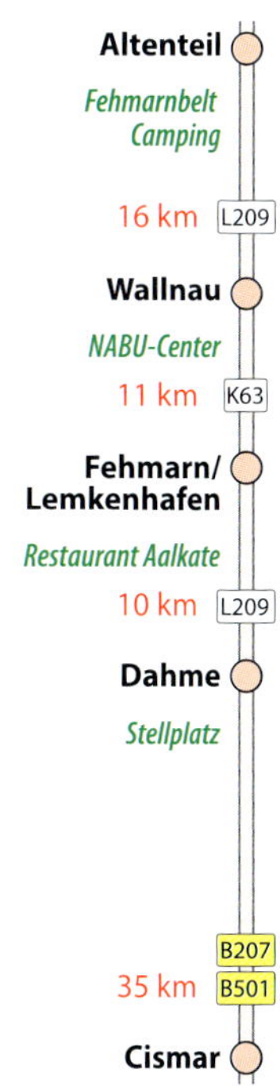

NATUR-IMPRESSIONEN

Bilder Seite 52
Links oben: Kreidefelsen auf Rügen
Rechts oben: auf dem Weg zum Darßer Ort
Unten: am Niendorfer Vogelpark

Bilder Seite 53
Oben: Seegras im Ostseewind
Mitte: Guten Appetit!
Unten: wunderschöne Feldblumen auf Poel

Die Aalkate in Lemkenhafen

Seewind verbringen wollen, auch wenn wir »Landratten« davon nicht genug bekommen können. Etwas am Ortsrand gelegen, sehen wir gleich das Hinweisschild und finden uns nur wenige Augenblicke später an den vorgesehenen Stellplätzen auf einer Wiese neben der Scheune wieder. Motor aus – und eine atemlose Stille umgibt uns. Nur das Korn auf dem Feld raschelt im leichten Wind. Weit entfernt von jeglichem Inseltrubel, kann man hier wunderbar chillen. Ein schöner Abend wird es, ganz camperlike trifft sich alles am wunderschön angelegten Grillplatz, der im weiteren Verlauf als Lagerfeuerstelle dient.

Viel Liebe, Mühe und Arbeit hat Familie Kleingarn in ihr Kleinod investiert, was man allerorten spürt. Auch Kinder kommen voll auf ihre Kosten. Es gibt Tiere, den Spielplatz im »Heuschober« bei Schlechtwetter und auch eine Ruhezone für die Erwachsenen am durch einen Zaun getrennten Teich. Am Morgen gibt es als letzten Höhepunkt frisch gebackenes Bauernbrot aus dem fast 100 Jahre alten Steinbackofen.

Kloster Cismar

Selbstverständlich landet eines dieser leckeren Brote in der Bordverpflegung. Fehlt eigentlich nur noch ein Räucherfisch und die nächste Mahlzeit ist perfekt. Der erwartet uns an der Aalkate in **Lemkenhafen**, seit mehr als 30 Jahren die Institution für Fischveredelung auf der Insel. Lachs, Makrelen, Heilbutt, Hering und natürlich Aal – alles kommt frisch aus den eigenen Räucherkammern. Dazu gibt es ein Restaurant, einen Imbissbereich und einen großen Garten mit Sitzgelegenheiten bis ans Wasser, von wo aus man sogar in der Ferne die Brücke über den Sund sehen kann. Auch die Fischbrötchen werden nach alter Sitte frisch aufgeschnitten und nach Wunsch belegt.

Im Ort Lemkenhafen selbst reihen sich Backsteinhäuser, kleine Katen und alte Bauernhöfe dicht aneinander. Bei einem gemütlichen Rundgang entdecken wir zahllose liebevoll angelegte Obst-, Gemüse- und Kräutergarten.

Wassersportschule in Strandnähe Großenbrode

KÜSTENETAPPE BIS TRAVEMÜNDE

Wie gekommen, so fahren wir zurück auf das Festland – über den Fehmarnsund. Direkt dahinter geht es links für nur einen Kilometer weiter nach **Großenbrode**. Der kleine Ort hat direkt an der Promenade einen großen Yachthafen und einen Wohnmobilstellplatz nur 300 Meter vom Meer entfernt. Ein Highlight ist die Wasserportschule unmittelbar an der Wasserlinie. Hier kann man verschiedene Kurse belegen und im Anschluss auf der Wiese übernachten. Für Jugendliche natürlich eine Supersache. Und während der Nachwuchs beispielsweise einen zweitägigen Surf-Schnupperkurs für 70 Euro macht, können Mama und Papa gemütlich flanieren und entspannen. Auf diese Weise wird auch für ältere Kinder der gemeinsame Urlaub mit den Eltern erlebnisreich.

Keine drei Kilometer Luftlinie entfernt von Kloster Cismar, dem wir auf unserer Weiterfahrt einen Abstecher gönnen sollten, befindet sich der private Wohnmobilstellplatz der Familie Dammer im Ortsteil **Cismar-Kattenberg** – eine tolle Alternative zu den gut gefüllten Wohnmobilstellplätzen von Lensterstrand oder Grömitz.

KULTUR

KLOSTER CISMAR

Das Kloster Cismar bildet nahe der B 501 den nächsten willkommenen Stopp. Die Anlage ist nicht besonders groß, aber reizvoll, und auf ihrem schönen Rundweg können sich alle die Beine ein wenig vertreten. Von 1245 bis 1561 war Cismar Benediktinerkloster. Ausgrabungen von 1965 zeigten, dass der ursprüngliche Bau bereits um 1320 wesentlich vergrößert wurde. Der Komplex ist von einem Wassergraben und Erdwällen umschlossen, was Sie auf dem Rundgang auch erkennen können. Nach umfangreichen Restaurierungsmaßnahmen wurde das Kloster ab 1987 Kulturzentrum, das auch als Dependance der Stiftung Schleswig-Holsteinische Landesmuseen fungiert. Regelmäßig finden Kunstausstellungen von überregionaler Bedeutung statt und im Winterhalbjahr im Gewölbesaal hochkarätige Konzertveranstaltungen des Förderkreises Kloster Cismar e. V. Weit über die Landesgrenzen hinaus bekannt ist das Klosterfest am zweiten Wochenende im August, ein nostalgischer Kunsthandwerkermarkt recht anspruchsvoller Ausprägung mit ca. 150 Marktbeschickern und 60 000 bis 80 000 Besuchern pro Jahr.

Cismar
Kloster Kreativwerkstatt K50
11 km B501
Bliesdorf
Stellplatz Camping Walkyrien
12 km B501
Timmendorf/ Niendorf
Vogelpark
A1
30 km B76
Travemünde Hafen
Backfisch Stellplatz Altstadt B76
7 km K1
Ziel

Links: immer was los – Ostseeradweg bei Dahme

Rechts: Wohnmobilstellplatz Kreativwerkstatt

Die Dammers haben auf ihrer alten Hofanlage eine Kreativwerkstatt eingerichtet. In viel Kleinarbeit entstand während der letzten Jahre ein harmonisches Gesamtbild von Gebäuden und Pflanzen. Und abseits von Durchgangsstraßen richteten sie auf einer Wiese neben dem ehemaligen Kuhstall sechs Stellplätze für Wohnmobile jeder Größe ein. Wir nehmen die verlockende Gelegenheit wahr, um eine künstlerische Pause einzulegen, an einem kunsthandwerklichen Workshop teilzunehmen und vielleicht ein selbstgefertigtes Kunstobjekt als Erinnerung an einen schönen Aufenthalt mit nach Hause zu nehmen. Von hier aus lassen sich außerdem wunderbare Badeausflüge mit dem Fahrrad an die Ostseestrände von **Kellenhusen**, **Lenste** und **Grömitz** unternehmen. Sie liegen nur ca. fünf Kilometer entfernt.

Im vorhin bereits erwähnten **Bliesdorf**, an der Steilküste vor **Neustadt in Holstein**, steuern wir heute einmal Luxus an, nämlich den 5-Sterne-Campingplatz Walkyrien der Familie Gosch. Vergessen Sie enge, asphaltierte Parkplätze oder Abstellflächen vor Campings. Genießen Sie von dem separaten Wohnmobilpark aus lieber den herrlichen Panoramablick auf die Ostsee und den Wald. Auf einer separaten Fläche vor der Schranke ist in bester Lage extra für Wohnmobile dieser moderne Platz entstanden. Die Stellplätze verfügen über Stromanschluss, sind mit

AUSFLUG

OSTSEEKÜSTEN-RADWEG

Grömitz ist ein guter Ausgangspunkt, um dem Ostseeradwanderweg in Richtung Nord und Süd zu folgen. Seine herrliche Lage bietet Radfahrern einzigartige Erlebnisse. Mit Blick auf die Ostsee geht es gen Norden auf dem Ostseeküsten-Radweg den Deich entlang in Richtung Lensterstrand und Kellenhusen mit tollen Naturstränden. Die Route in Richtung Süden führt am Yachthafen vorbei und verspricht ebenfalls wunderschönen Genuss. Wenn die Strecke an der Steilküste um Bliesdorf und Brodau leicht in die Höhe führt, werden Sie die grandiosen Aussichten so genießen, dass Sie gewiss so manch wunderbares Fleckchen zu einem Zwischenstopp verleitet. Beim Tourismus-Service Grömitz an der Kurpromenade oder der Außenstelle Lensterstrand am Blankwasserweg erhalten Sie für drei Euro einen umfangreichen Radwanderführer, der Sie auf 300 Kilometern durch außerordentlich malerische Regionen führt. Info: Touristen-Service Grömitz, Kurpromenade 56, 23743 Grömitz, Tel. 04562/2560 oder Außenstelle Lensterstrand, Blankwasserweg 122, 23743 Grömitz/Lensterstrand, www.groemitz.de

Strand in Grömitz

Rasengittersteinen befestigt und bieten genügend Rasenfläche zum Sitzen. Wie selbstverständlich stehen Ihnen alle Einrichtungen des komfortabel ausgestatteten Campingplatzes zur Verfügung: Kinder- und Familienbäder oder auch der Sauna- und Wellnessbereich (gegen Gebühr) mit erhöhtem Terrassenblick auf das Meer. Die Qualität der Sanitäranlagen ist erstklassig und »Duschmünze« ist dort ein Fremdwort.

Vervollständigt wird das großzügige Angebot von Streichelzoo, Kinderspielbereich (auch Indoor bei Schlechtwetter), umzäuntem Auslaufbereich für Hunde (mit Agility-Geräten) und Beachvolleyball- bzw. Bolzplatz. Darüber hinaus gibt es einen Rundwanderweg sowie einen Treppenabgang an den Strand der Steilküste. Alternativ zum Stellplatz können Sie natürlich einen Stellplatz im Campingbereich wählen. Auch hier gilt: Man zahlt, was man nutzt. Wenn Sie Ihre Kinder ob der Programmvielfalt nicht zu einer Weiterfahrt bewegen können oder gern selbst noch einige Tage hier verbringen möchten, lohnt sich ein Busausflug nach Lübeck, Abfahrt direkt am Campingplatz.

MARZIPANSTADT LÜBECK

Die **Hansestadt Lübeck** ist eine kreisfreie Großstadt im Südosten Schleswig-Holsteins nahe der Lübecker Bucht. Mit 214 420 Einwohnern ist Lübeck nach der Landeshauptstadt Kiel die Stadt mit den meisten Einwohnern und somit eines der vier Oberzentren Schleswig-Holsteins. Flächenmäßig ist sie die größte Stadt des Landes. Seit April 2012 gehört Lübeck der Europäischen Metropolregion Hamburg an. Die Hansestadt wird auch »Stadt der sieben Türme« und »Tor zum Norden« genannt. Sie gilt als »Mutter der Hanse«, einer Handelsvereinigung, die ab

Yachthafen Großenbrode

Hafen Travemünde

dem 12. Jahrhundert bis in die Neuzeit durch Freihandel und friedliche Zusammenarbeit für großen Wohlstand in Lübeck und anderen Mitgliedsstädten sorgte.

Die Altstadt, seit 1987 Teil des UNESCO-Welterbes, ist natürlich das touristische Kernstück Lübecks. Sie liegt hauptsächlich auf der Altstadtinsel zwischen den Flüsschen Trave und Wakenitz, die in etwa eine Ausdehnung von zwei Kilometern von Nord nach Süd und einem Kilometer von West nach Ost hat. Einige bedeutende Gebäude, die zur Innenstadt gerechnet werden, liegen auf umliegenden kleineren Inseln, wie etwa das Holstentor, das am Fuß der sogenannten Wallhalbinsel liegt.

Kirchplatz Travemünde

Um die Innenstadt zu verlassen, muss jeweils eine Brücke im alten Befestigungsgürtel um die Stadt (Wallanlagen) überquert werden. Die Neustadt schließt sich nicht wie in den meisten anderen Städten unmittelbar an die mittelalterliche Altstadt an. Die nördliche Wallhalbinsel, auf der sich zurzeit die Media Docks und einige Lagerhallen des Hafens befinden, soll in den nächsten Jahren zu einer Hafen-City ähnlich dem Projekt in Hamburg ausgebaut werden.

Vor allem das Marzipan machte Lübeck weltweit bekannt. Im »Lübecker Marzipan-Speicher« direkt am Altstadt-Hafen, keine 100 Meter vom berühmten Holstentor entfernt, werden viele Überraschungen für Sie bereitgehalten. Lassen Sie sich in die Zeit von Thomas Manns Buddenbrooks zurückversetzen: Im historischen Gebäude von 1871 des **Marzipanlandes** können Sie leckeres Lübecker Marzipan nach dem Rezept von Günther Leu kosten. Er eröffnete 1945, aus Königsberg kommend, seine erste Konditorei in Lübeck und verbreitete seine Version des »geflämmten Marzipans«, damit sich das Aroma noch besser entwickelt. Außerdem gibt es diverse andere Leckereien wie Nougat, Schokolade, Marzipan-Tee oder Kaffee aus eigener Röstung. Das kostenlose Marzipan-Museum wartet zudem mit außergewöhnlichen und einzigartigen Exponaten in der weltweit einzigen Marzipan-Show auf.

Da wir immer nur einen kleinen Querschnitt der Großstädte nahebringen können, haben wir uns etwas mehr auf das vorgelagerte **Travemünde** mit seinem Wohnmobilstellplatz konzentriert. Travemünde ist ein Stadtteil der Hansestadt Lübeck, der direkt an der Mündung der Trave in die Ostsee liegt. Beide Städte sind geschichtlich natürlich eng miteinander verbunden. Die Landzunge Priwall trennt den Zugang zur offenen See und schützt den dahinterliegenden Hafen. Alle Schiffe, auch die Fährschiffe, die Reisende nach Skandinavien bringen, müssen durch diese Enge, um in die Lücker Bucht und auf die offene Ostsee zu gelangen.

Die Travemünder Wohnmobilstellplatz-Landschaft hat sich mit der Schließung des einfachen Platzes am Hafen völlig neu aufgestellt. Der neue städtische Platz liegt an der Travemünder Landstraße. Von dort geht es bequem am Fischereihafen vorbei Richtung Altstadt. Am Yachthafen gibt es den besten Backfisch. Das als Imbiss bestellte Backfischbrötchen wird ganz frisch zubereitet und entpuppt sich am Ende fast als Hauptmahlzeit zum Imbiss-Preis!

Ebenfalls fußläufig an der Travemündung entlang beim Passathafen, am Priwall mit in der Segelsaison Hunderten von ankernden Segelyachten, liegt die Viermastbark **Passat** als Museumsschiff und Wahrzeichen. Die Stahlbark wurde 1911 als Getreide- und Salpeter-Transporter erbaut und 1959 von der Hansestadt Lübeck vor dem »Abwracken« gerettet. 1978 wurde sie unter Denkmalschutz gestellt. Der imposante Viermaster umsegelte neununddreißigmal Kap Hoorn und umrundete zweimal die Welt! Die Passat kann besichtigt werden, wobei auch 98 Kojen und eine Kapitänssuite zum Übernachten einladen. Sogar ein Standesamt ist mit an Bord. Die 56 Meter hohen Masten werden in der Weihnachtszeit mit einer Lichterkette geschmückt und jeden Abend beleuchtet.

Von der Travemünder zur Mecklenburger Seite besteht eine Fährverbindung, mit der man sich einige Kilometer Asphalt sparen kann. Hier verlief auch bis zur Wiedervereinigung der beiden deutschen Staaten die Staatsgrenze, was ein ausgeschilderter Rundgang anschaulich macht. Die Strecke ist für Wohnmobile ohne Gewichtsbeschränkung geeignet und kann natürlich zur Fortsetzung unserer Wohnmobiltour entlang der Ostseeküste genutzt werden.

Wahrzeichen Lübeck-Travemündes: die »Passat«

Schifffahrtsmuseum

PRAKTISCHE HINWEISE

Wohnmobilidylle, auch wenn es mal regnet

KARTE

Kümmerly+Frey, Karte 2 »Deutsche Ostseeküste«, Maßstab 1:275 000, ISBN 978-3-259-01461-5

TOURISTINFORMATIONEN

Tourismusbetrieb Ostseebad Laboe
Börn 2, 24235 Laboe, Tel. 04343/427553, www.laboe.de

Tourismuszentrale Holsteinische Schweiz
Bahnhofstr. 5, 24306 Plön, Tel. 04522/50950, www.holsteinischeschweiz.de/tourist-info-ploen

Touristinformation Fehmarn
Zur Strandpromenade 4, 23769 Fehmarn, Tel. 04371/506300, www.fehmarn.de

Touristinformation Travemünde
Strandbahnhof Bertlingstr. 21, 23570 Travemünde, Tel. 0451/8899700, www.travemuende-tourismus.de

CAMPING- UND STELLPLÄTZE

S 200 **Wohnmobilstellplatz am Marine-Ehrenmal Laboe** (S. 166 B4)
Steiner Weg 15, 24235 Laboe,
Tel. 04343/42 75 53, www.gemeinde.laboe.de
GPS-Daten: 54.406697, 10.229312
Einfacher, von der Gemeinde Laboe betriebener Asphaltplatz mit Parkbuchten für bis zu 18 Mobile an Grünstreifen unter Bäumen am Marine-Ehrenmal am Ostseestrand. Wasser und Entsorgung, Kiosk und Souvenirshop am Platz.

S 201 **Wohnmobilstellplatz Mittelstrand** (S. 166 C4)
Buhne 32 (an der DLRG-Station zwischen Schönberger Strand und Brasilien), 24217 Schönberg,
Tel. 04344/9215, www.stellplatz-mittelstrand.de
GPS-Daten: 54.422247, 10.395542
Großer Park- und Stellplatz für 50 Mobile auf Schotterrasen bzw. Wiese in den Salzwiesen gegenüber dem Deich. Leider kein Schatten. Strom, Wasser, Ver- und Entsorgung sowie Sanitäreinrichtung vorhanden. Hunde sind erlaubt. Es gibt einen Brötchenservice, im Sommer Land- und Strandmärkte in einem Kilometer Entfernung.

S 202 **Wohnmobilstellplatz & Naturcampingplatz Kirchsee** (S. 166 C6)
Kahlbrook 25a, 24211 Preetz,
Tel. 04342/309549, www.kanucenter-ploen.de
GPS-Daten: 54.228226, 10.287635
Parkähnlich angelegtes Wiesengelände unmittelbar am Kirchsee. Zur Ausstattung gehört ein behinderten- und familiengerechtes Komfort-Sanitärgebäude (mit Mietbädern, Küche und kleiner Leseecke sowie einzelnen Waschräumen inklusive Dusche und WC), ein Volleyballfeld sowie Stellplätze teilweise mit Ent- und Versorgung. Am Platz befindet sich zudem eine Kanu- und Fahrradvermietung, gemütliche Gaststube mit Café und Biergarten. Haustiere sind willkommen und kostenfrei.

C 203 **Campingpark Gut Ruhleben** (S. 168 C3)
Missionsweg 2, 24306 Bösdorf bei Plön,
Tel. 04522/8347, www.camp-ruhleben.de
GPS-Daten: 54.144510, 10.449303
Für durchreisende Wohnmobilisten stehen Stellplätze vor der Schrankenanlage zur Verfügung, die Einrichtungen des Campingplatzes können mitbenutzt werden. Für einen längeren Aufenthalt stehen Standplätze in unterschiedlicher Lage und Ausstattung zur Verfügung, zum Teil unmittelbar am See. Die zentrale Ver- und Entsorgung ist bequem zu befahren. Auf dem Platz befinden sich ein Restaurant, ein Campingshop und ein

Wohnmobilstellplatz vor dem Campingpark in Plön

Kinderspielplatz. Hunde sind erlaubt. Kanuverleih wird extern angeboten.

S 204 **Stellplatz Heiligenhafen Binnensee** (S. 167 F5)
Eicholzweg, 23774 Heiligenhafen,
Tel. 04362/50340, www.reisemobilstellplatz-heiligenhafen.de
GPS-Daten: 54.377802, 10.954335
Gebührenpflichtiger Stellplatz für 20 Wohnmobile auf einem Parkplatz. Kein Strom, keine Ver- und Entsorgung, auch keine Chemie-WC-Entleerung. Hunde erlaubt

C 205 **Belt-Camping Fehmarn** (S. 167 G3)
Altenteil 24, 23769 Fehmarn,
Tel. 04372/391, www.belt-camping-fehmarn.de
GPS-Daten: 54.528984, 11.092499
Der Campingplatz liegt wunderschön auf der Nordwestspitze der Insel – zwischen Naturschutzgebiet Nördliche Seeniederung und der blauen Ostsee mit Blickrichtung Dänemark. Die Wohnmobilstellplätze mit einer komfortablen Größe (etwa 80 Quadratmeter) liegen direkt am Anfang des Campingplatzes. Relativ neues Sanitärgebäude. Für das leibliche Wohl wird im Café und Restaurant Bella Italia gesorgt, das auch eine schöne Sonnenterrasse bietet. Im angeschlossenen Kiosk bekommt der Gast alle Artikel des täglichen Bedarfs.

S 206 **Ahoi Camp Fehmarn** (S. 167 G3)
Altenteil 21, 23769 Westfehmarn,
Tel. 04372/445, www.ahoi-camp-fehmarn.de
GPS-Daten: 54.530727, 11.077089
Anlaufstelle für viele Surfer, denn auf der einen Seite liegt der Binnensee und auf der anderen Seite die Ostsee. Vor der Schranke befindet sich auf Sand der »Campingbus«-Stellplatz mit Strom und direktem Zugang zu einem sehr schönen breiten Strand. Hunde erlaubt

S 207 **Stellplatz Kattenberg** (S. 167 F6)
Kattenberg 8, 23743 Grömitz,
Tel. 04366/1241, www.kreativ.cismar.de
GPS-Daten: 54.186714, 10.964282
Gebührenpflichtiger Stellplatz für fünf Mobile auf einer Wiese in der Nähe des Klosterdorfes Cismar, vier Kilometer von der Ostsee entfernt. WC, Strom, Wasser, Ver- und Entsorgung vorhanden. Hunde erlaubt.

C 208 **Campingplatz Walkyrien** (S. 169 E3)
Strandweg 26, 23730 Schashagen,
Ortsteil Bliesdorf-Strand, Tel. 04562/6787,
www.camping-walkyrien.de
GPS-Daten: 54.119643, 10.921604
Separater Wohnmobilpark mit Strom vor dem Campinggelände mit einem herrlichen Panoramablick auf die Ostsee und den Wald. Sehr große Stellplätze auf Rasen. Die exklusiven Sanitäreinrichtungen des Geländes sowie SB-Shop, Gastronomie können selbstverständlich mitbenutzt werden.

S 209 **Wohnmobilstellplatz Travemünder Landstraße** (S. 169 E5)
Travemünder Landstr. 300, 23570 Travemünde
Tel.: 04502-8040, www.travemuende-tourismus.de
GPS-Daten: 53.954444, 10.855000
Neu angelegter Stellplatz für 49 Wohnmobile, 8-12 € je nach Saison zzgl. Kurtaxe für Erwachsene. Ver- und Entsorgung sowie Strom. Untergrund mit Asphalt, Rasengittersteine. Geeignet für große Wohnmobile. In Gehweite zu Hafen und Altstadt.

3 HERRLICH IDYLLISCH: MECKPOMM – WIR KOMMEN!

Von Boltenhagen bis Ahrenshoop

»Und wohin, liebe Leute? Wohin anders als nach Mecklenburg!«, sagte schon 1780 der Philosoph Emanuel Hartenstein. Denn Mecklenburg-Vorpommern ist ein Land zum Durchatmen. Wer einmal auf einer entlegenen Landstraße anhält und den Motor abstellt, der spürt die naturhafte Stille bis unter die Haut. Kraftvoll sind die Farben, aus denen seine Sommerlandschaft komponiert ist. Meckpomm präsentiert sich dabei aber nicht als ein Land aus einem Guss, sondern eher als Anhäufung der unglaublichsten Idyllen – und genau das macht seine große Anziehungskraft aus. Es können sogar Stellplätze gefunden werden, wie sie es nur noch selten gibt.

Seebrücke Boltenhagen

Ausgangspunkt für uns ist der Wohnmobilstellplatz vor dem Regenbogen Camping im **Seebad Boltenhagen**. Da hier kein spezielles Stellplatzangebot seitens der Gemeinde besteht, können wir damit gut leben. Das Ortsbild wird, vor allem an der Strandpromenade, von hübschen holzverschalten Häuschen geprägt, in denen Cafés, Boutiquen und Souvenirläden ihre Waren anbieten. Von der Seebrücke legen Bäderschiffe nach Wismar, zur Insel Poel oder auch nach Travemünde ab. Aufgrund des umfangreichen Freizeitangebotes für Familien mit kleinen Kindern gewann das Seebad 1994 den Bundeswettbewerb für »Familienferien in Deutschland«.

Angeblich entdeckte zuerst die Grafenfamilie Bothmer im Jahre 1803 die Vorzüge des fast vier Kilometer langen Sandstrandes und ließ hier die ersten Miet-Badekarren aufstellen. Andere Urlauber zogen nach und der allmählich aufblühende Badebetrieb bedeutete für die Boltenhagener eine willkommene Aufbesserung der schmalen Einkünfte. Denn bis Mitte des 19. Jahrhunderts war Boltenhagen noch ein ärmliches Dorf. Entsprechend logierten die Gäste anfangs noch bei den Bauern in einfachen Unterkünften.

RADTOUR DURCH DEN KLÜTZER WINKEL

In einer Zeitschrift hatte ich gelesen, dass man die fettesten Böden und saftigsten Wiesen Mecklenburg-Vorpommerns im **Klützer**

Winkel findet. Das Gebiet liegt südlich von unserem Stellplatz, also Grund genug, um eine schöne Fahrradtour zu unternehmen. Wir starten an der Kurverwaltung **Boltenhagen**, dort haben wir den Tourenvorschlag auch erhalten. Der Weg hat die lokale Markierung T 2, der sehr gut zu folgen ist.

Zunächst fahren wir auf dem Rad-/Fußweg 200 Meter bis zum Kreisel bei der Kirche. Am Kreisel geht es auf dem Radweg links weiter in Richtung Klütz. Entlang einer Allee radeln wir in leichtem Auf und Ab bis Klütz. An der Kreuzung beim Café halten wir uns rechts, fahren an der Kirche vorbei hinab zum

ROUTE 3

START- UND ENDPUNKT
Boltenhagen und Ahrenshoop

STRECKEN
überwiegend Land- und Kreisstraßen

STRECKENLÄNGE
ca. 200 Kilometer

FAHRZEIT
5 bis 8 Tage

BESTE JAHRESZEIT
April bis Oktober

Kurviertel Seebad Boltenhagen

Strandkorb frei in Boltenhagen

Marktplatz und dort dann links, der Beschilderung »Schloss Bothmer« folgend. Noch vor dem Ortsende radeln wir rechts auf der Lindenallee nach **Schloss Bothmer** (T 2).

Weiter geht es geradeaus am Schloss vorbei, dann links in einen unbefestigten Weg (Wegweiser »Hotel Gutshaus Stellshagen« und T 2) entlang an Feldern, dann an Wald. Dort steht rechts das Hotel Gutshaus Stellshagen. Wir fahren die Lindenallee nach Stells-hagen, im Ort wenden wir uns links, fahren aus dem Ort, hinab und rechts (T 2) nach Hof Reppenhagen. Auf der Straße geht es weiter bis Welzin. Hier schwenken wir nach rechts (T 2). An Wiesen und Weiden entlang geht es auf der kleinen Straße bis zur T-Kreuzung von Kühlenstein, wo wir links abbiegen und auf schlecht befahrbarer Findlingsstraße bis Rankendorf radeln. Am Ortsanfang fahren wir geradeaus (T 2) bis zur Kreuzung.

Frischer geht es nicht

Um zurück nach Boltenhagen zu kommen, biegen wir am Speckturm rechts in Richtung Kalkhorst. Entlang der alten Allee geht es leicht aufwärts, dann durch Wald. Nach dem Wald führt die Strecke abwärts bis zur Kreuzung in Kalkhorst. Ein holpriger Kopfsteinpflasterweg aus Flusskieseln umgibt die erhöht liegende Dorfkirche von **Kalkhorst**; ein Backsteinbau aus der zweiten Hälfte des 14. Jahrhunderts. Die Kirche liegt malerisch zwischen altem Baumbestand, im Inneren sind gotische Fresken und ein Mönchsgestühl romanischen Ursprungs zu entdecken. Daneben stehen ein niederdeutsches, reetgedecktes Haus von 1786 und eine Fachwerkhäuserzeile.

An der Kirche fahren wir zunächst geradeaus in Richtung Brook, um gleich danach rechts nach Brook (T 2) abzuschwenken. Am

Ortseingang von Brook halten wir uns links Richtung Strand (T 2). Ein Sandweg bringt uns bis zum Ostseeküsten-Radweg, wo wir nach rechts biegen und so nach Boltenhagen zurückkehren.

Die Tour hat eine Länge von ca. 34 Kilometern. Das Streckenprofil wird als »mittel« bezeichnet und hat lediglich einen Höhenunterschied von 100 Metern. Ich zumindest musste nicht absteigen, um zu schieben, was ein gutes Zeichen ist, immerhin hatte ich Bordhund Henry in seinem Körbchen auf dem Gepäckträger. Mit Pausen am Café Klützer Mühle – die leckeren hausgemachten Blechkuchen sind sehr zu empfehlen – und an der Dorfkirche Kalkhorst haben wir knapp fünf Stunden benötigt. Geübte Fahrer werden es wohl an einem Stück in gut zwei Stunden schaffen. Aber wer will das schon, ist doch der Weg das Ziel, wie der Wohnmobilfahrer weiß.

BECKERWITZ

Unser nächster Abstecher führt uns an das **Wohlenberger Wiek**, eine halbrunde Bucht im Südwestteil der Wismarer Bucht. Kurz vor Hohen Wieschendorf biegen wir nach **Beckerwitz**, einer dieser Plätze am Ende vor dem Nichts! Mutter Natur hat hier ein Stück Paradies stehen gelassen. Der kleine, familiär geführte Campingplatz hat auf einer vorgelagerten Wiese einen zusätzlichen Wohnmobilstellplatz für die Hochsaison. Jetzt in der Vorsaison ist »freies Stehen« angesagt und bei dieser Aussicht kann man gar nicht anders, als zu bleiben.

Nach einer kurzen Stranderkundung heißt es für uns: Rucksack umgeschnallt, Hund an die Leine genommen und los! Auf einem sechs Kilometer langen Weg entlang und oberhalb des Ostseestrandes umrunden wir die nördliche Spitze, wobei wir uns spielend leicht an den Grenzen des Golfplatzes orientieren können. Kein Mensch begegnet uns und

Stellplatz in Beckerwitz

Schöner Naturstrand direkt am Stellplatz

Altes Stadttor in Wismar

der Blick schweift weit über die gelben Rapsfelder rechts vom Wald. Bei Erreichen der kleinen Marina folgen wir dem Weg weiter, biegen zweimal rechts ab und kommen am Erdbeerhof der Familie Glanz vorbei. Mit einer Schale der roten Früchte versorgt, ist der spätere Nachtisch bereits gesichert. An diesem Abend kommen wir uns ein wenig vor wie in einer Werbung für Caravaning. Mit dem Fernglas erkennen wir in der Abendsonne am Horizont sogar einige riesige Fährschiffe, vielleicht auf dem Weg nach Malmö, Riga oder Helsinki, wer weiß das schon so genau.

HANSESTADT WISMAR – UNESCO-WELTKULTURERBE

Nur 15 Kilometer sind es noch zum Westhafen der **Hansestadt Wismar**, wo wir im **Wohnmobilhafen**, fußläufig zur Altstadt, vor Anker gehen. Für die Ankunft haben wir bewusst die frühe Mittagszeit gewählt, da dann die Weiterreisenden weg sind und die Anreise häufig erst am Nachmittag einsetzt. Unsere Taktik ist wieder einmal aufgegangen und wir finden auf der gepflegten Anlage einen schönen Stellplatz. Die Größe ist für einen begehrten »City-Wohnmobilstellplatz« erstaunlich, Markise und Campingmöbel können zum Einsatz gebracht werden. Neben Ver- und Entsorgung stehen gegen Gebühr auch Duschen zur Verfügung. Überhaupt legen die Betreiber überdurchschnittlichen Wert auf die Betreuung ihrer Gäste. Ob Stadtplan, kalte Getränke oder Thüringer Rostbratwurst, der Service ist einfach perfekt!

Auf dem Platz gibt es keine Vor- oder Nachsaison, er ist immer gut besucht. Sollte am Abend wirklich das Schild »besetzt« in der Einfahrt stehen, gibt es eine geduldete

KULTUR

EIN WENIG GESCHICHTE

Wismar liegt an der Ostseeküste Mecklenburg-Vorpommerns am südlichen Ende der durch die Insel Poel geschützten Wismarer Bucht. Wismar war früh Mitglied der Hanse und prosperierte im Spätmittelalter, was noch heute im Stadtbild sichtbar ist. Nach dem Dreißigjährigen Krieg kam Wismar unter schwedische Herrschaft, die im Jahr 1803 endete, allerdings wurde es noch für weitere 99 Jahre von Schweden an das Herzogtum verpfändet. Dieses Pfandrecht endete 1902. Fortan gehörte die Stadt zu Mecklenburg-Schwerin. Im Zweiten Weltkrieg wurde die Stadt durch Bombenangriffe schwer getroffen. Wismar ist seit der Kreisgebietsreform 2011 Kreisstadt des Landkreises Nordwestmecklenburg und die sechstgrößte Stadt des Landes Mecklenburg-Vorpommern. Nach der deutschen Wiedervereinigung 1990 wurde Wismars historischer Stadtkern im Rahmen der Städtebauförderung gründlich saniert. Seit 202 gehört Wismars und Stralsunds Altstadt zum UNESCO-Weltkulturerbe »Historische Altstädte«.

Ausweichfläche an der Kaimauer des gegenüberliegenden Hafenbeckens.

Der Fußweg zur Altstadt nimmt keine zehn Minuten in Anspruch und schon bei der Ankunft dort weiß man um die Bedeutung der Worte »mediterranes Flair«.

Im **Alten Hafen** spüren Sie das unverwechselbare Flair von Seefahrt, Fischerei und Hanse. Seit Jahrhunderten ist Wismar mit dem Meer verbunden und wenn früher die Kaufleute mit ihren reich beladenen Koggen, die einem Größenvergleich mit heutigen Handelsschiffen in keinster Art und Weise standhalten, festmachten, war sofort Bewegung an der Kaimauer. Bei ausgiebigem Handel feilschte man um die Waren während parallel die Fischer um den besten Preis für ihren Fang feilschten. Danach wurde traditionell in den Kneipen ausgiebig gefeiert, Seemanslieder gesungen und viele Geschichten über das Erlebte in der großen weiten Welt erzählt.

Heute beherrschen Kutter, Barkassen, Yachten und Passagierschiffe den Alten Hafen. Fischer laden mit ihren Kuttern zur zünftigen Seefahrt oder zum Dorschangeln ein.

Am Wochenende treffen sich viele Einheimische und Touristen auf dem Fischmarkt – natürlich um frischen Fisch zu kaufen und das lebhafte Hafentreiben zu genießen.

Einmal im Jahr laden die Wismaraner zum großen, bunten Hafenfest ein. Dann drängeln sich wie in alten Zeiten große Segelschiffe im Hafenbecken. Beim Anblick der historischen Segler packt auch die letzte Landratte die Abenteuerlust und das Fernweh.

Die hohen Kirchtürme bestimmen das wasserseitige Bild der alten Hansestadt, auf

Der wunderschöne Marktplatz in der Abendsonne

Wismar

Stellplatz Westhafen
Altstadt
Restaurant Il Casale

12 km B105

Insel Poel/ Niendorf

Forellenhof mit Stellplatz

19 km L121

Insel Poel/ Timmendorf

Weltkulturerbe Wismar: »Das Brückenhaus«

Sehr schön angelegt: Wohnmobilhafen Wismar

den eingerammten Holzpfählen (Dalben) vor dem Alten Hafen grüßen Schwedenköpfe die Vorbeifahrenden und mitten zwischen vertäuten Segelschiffen im Westhafen schwimmt ein kleines Café am Bootssteg.

Unvergesslich ist die Abendstimmung im Alten Hafen. Spazieren Sie am Kai entlang und genießen Sie den Geruch von Teer, Tang, Salzwasser und Fisch! Lassen Sie in einer urgemütlichen Hafenkneipe den Tag ausklingen und träumen Sie von der großen weiten Welt!

In Wismar legen gern Skipper mit ihren Segel- oder Motoryachten an, um die gemütliche Atmosphäre der alten Hansestadt von der Wasserseite aus zu genießen. Das Fahrwasser der Wismarer Bucht führt westlich an der Insel Poel vorbei nach Wismar. In den fünf Häfen erwarten Sie Liegeplätze für große und kleine Yachten.

ABENDLICHER RUNDGANG

Besonders reizvoll im Sommer ist ein abendlicher Bummel durch Wismars **Altstadt**, den man bereits am späten Nachmittag beginnen sollte. Die Backsteine haben dann die Wärme des Tages gut gespeichert und geben diese auf eine angenehme Art und Weise an die Umgebung ab.

Ein Mix quer durch alle Generationen belebt die Stadt mit ihren urigen Kneipen und

SPECIAL

POELER KOGGE »WISSEMARA«

Die Poeler Kogge »Wissemara« ist der größte in Europa vorhandene Nachbau einer mittelalterlichen Kogge. 1997 wurde in der Wismarbucht vor Timmendorf auf der Insel Poel das bislang größte Schiffswrack der Hansezeit entdeckt. Es handelte sich um eine spezielle Variante einer Kogge in sehr gut erhaltenem Zustand. Die Bergung des Wracks 1999 und die dann folgenden Untersuchungen zeigten, dass das Schiff um das Jahr 1354 aus Kiefernholz gebaut worden war. Der Rumpf zeigte in einzelnen Konstruktionselementen deutliche Parallelen zu den Schiffen der Wikinger und Slawen, sodass es als eine spezielle, für die Ostsee entwickelte Form der Koggen, also als eine »baltische Kogge« gewertet werden kann. Das Schiff hatte eine Länge von 31 Metern und besaß eine Ladekapazität von mehr als 200 Tonnen. Schiffe dieser Größe waren die Grundlage für den für die Hansezeit so typischen überregionalen Transport von Massengütern und damit die Basis für den wirtschaftlichen Aufstieg der Hansestädte an der Ost- und Nordsee.
Seit 2006 ist die Wissemara nun zur Abfahrt bereit und Sie können ab 18 € pro Person bei einem Törn dabei sein.
Info: Förderverein Poeler Kogge e. V., Baumhaus – Am Alten Hafen, 23966 Wismar, Tel. 03841/30 43 10, www.poeler-kogge.de

schönen Cafés. Durch die vielen Studenten aus aller Herren Länder zeigt sich Wismar erstaunlich jung und aufgeschlossen. Ob ein im Treppenhaus hängendes Schiff, die Kneipe »Volkskammer« oder der »Backfisch Maik« am Hafenbecken gegenüber dem alten Zollhaus – überall gibt es Dinge, die nur darauf warten, entdeckt zu werden.

Apropos **altes Zollhaus**: In diesem historischen Gebäude befindet sich auch unser Essenstipp, nämlich das italienische Restaurant Il Casale, das Sie nicht nur mit Spezialitäten der sizilianischen Küche, sondern auch mit Pizza und selbst gemachtem Eis verwöhnt. Bei schönem Wetter ist es einfach toll, auf dem großen Platz zu sitzen und den Abschluss des Tages zu genießen.

Das Preis-Leistungs-Verhältnis der gastronomischen Betriebe ist generell als sehr gut zu bezeichnen. Und auch die Vielfalt lässt nichts zu wünschen übrig: Ob das Brauhaus am Lohberg von 1452, das American Diner am Kanal oder der »Alte Schwede« am Markplatz, für jeden Geschmack ist das Richtige dabei.

Im Frühjahr und im Herbst bis in den Dezember hinein finden auch regelmäßig Führungen mit dem Nachtwächter statt, der einen durch dunkle Gassen geleitet und dabei die eine oder andere mitunter schaurige Anekdote aus der Stadtgeschichte zum Besten gibt.

INSEL POEL

Vom Westhafen fahren wir auf die L 121, die uns auf direktem Weg zum nächsten Abschnitt unserer Tour führt. Die Insel Poel liegt in der Wismarer Bucht in der Ostsee, nahe Wismar. Die amtsfreie Gemeinde **Ostseebad Insel Poel** umfasst die Insel sowie die nordöstlich vorgelagerte Insel Langenwerder. Sie gehört zum Landkreis Nordwestmecklenburg in Mecklenburg-Vorpommern. Der Hauptort der Gemeinde ist Kirchdorf, am Ende der tief von Süden einschneidenden Bucht liegt der Kirchsee. Die Insel ist mit 36 Quadratkilometer Fläche die siebtgrößte deutsche Insel. Seit 1927 ist sie über einen befahrbaren Damm mit dem Festland, von Groß Strömkendorf nach Fährdorf, verbunden.

In puncto Ruhe und Natur setzt Poel abseits der befahrenen Straßen noch eins

Niendorfer Hafen auf der Insel Poel

Timmendorf gibt es auch auf Poel

oben drauf. Es ist ein Genuss, bei geöffnetem Fenster zu cruisen und den Duft der Insel zu atmen. Die Inselgeschichte allerdings war wechselhaft. 1803 zahlte Herzog Friedrich Franz I. einen Kredit von 1,25 Millionen Reichstalern an Schweden und bekam aufgrund des Malmöer Pfandvertrages für 99 Jahre die Rechte an Poel zurück. Die schwedische Krone verzichtete 1903 auf die Einlösung des Pfandes und so kehrte Poel nach Mecklenburg heim. Verwaltungsmäßig gehörte Poel zum Amt Wismar-Poel, später zum Kreis Wismar. Nach Kriegsende gehörte Poel zur sowjetisch besetzten Zone Deutschlands, ab 1949 zur Deutschen Demokratischen Republik.

Nach dem Fall der innerdeutschen Grenze konstituierte sich am 19. Dezember 1989 in Kirchdorf der Runde Tisch der Gemeinde. Im Mai 1990 fanden die ersten demokratischen Wahlen zur Gemeindevertretung statt. 1946 erreichte die Bevölkerungszahl Poels durch Flüchtlinge aus den Ostgebieten mit über 5100 Einwohnern ihren Höhepunkt. Zum Vergleich: Im Jahr 1939 zählte Poel 1905 Einwohner. 1990 ist mit 2590 Einwohnern seitdem der Tiefststand erreicht worden.

Poel verfügt über drei Häfen: Kirchdorf, Niendorf und Timmendorf-Strand. Während der Hafen Kirchdorf von Mai bis September etwa dreimal täglich mit Wismar durch ein kleines Personenschiff verbunden ist (Fahrzeit eine Stunde), dient der Hafen Timmendorf-Strand überwiegend der Fischerei. Alle Häfen verfügen zudem über Liegeplätze für Sportboote.

Selbstverständlich könnten wir aufgrund der Größe Poels die Inselrunde nach wenigen Stunden beenden, aber das wäre angesichts ihrer Schönheit natürlich frevelhaft. Unsere erste Station ist der Wohnmobilstellplatz am Forellenhof Poel in **Niendorf**. Er liegt direkt am Wasser mit Blick zum Niendorfer Yachthafen. Die Betonfläche ist nicht gerade schön, lässt sich dafür aber bei jeder Witterung befahren und ist völlig plan. Erfreulich ist der Fischverkauf mit kleinem Imbiss, wo man abends nach Schließung auf den Bänken verweilen kann. Im vorderen Teil der Anlage ist zudem ein Fischrestaurant ansässig. Sanitäranlagen mit Dusche sind vorhanden, alles in allem: ein praktischer Stellplatz.

Nur sieben Kilometer weiter (die Insel ist klein!) und wir sind in **Timmendorf**. Von Wei-

Poeler Inselmuseum

tem sieht man schon den Backsteinleuchtturm, der seit 1872 mit seinem Sektionsfeuer in die Wismarer Bucht strahlt. In dem netten Ort fühlen wir uns sofort wohl. Der Strand ist weitläufig und kinderfreundlich, weil es ganz flach ins Wasser geht – Badespaß auch für die Kleinen ist hier vorprogrammiert.

Am Ortseingang, auf einer schönen, befestigten Wiese, ist der großzügige Wohnmobilstellplatz. Es gibt Duschen in Containern und Frischwasser gegen Gebühr. Von hier bis zum Strand sind es nur 400 Meter. Übrigens: Wem der Stellplatz nicht genügt, kann alternativ zum 300 Meter entfernten Campingplatz am Leuchtturm wechseln.

Der kleinen Steilküste an der linken Strandseite folgend, gibt es einen sehr schönen (Wander-)Weg, der zum Naturschutzgebiet **»Fauler See – Rustwerder/Poel«** führt. Ein Grund mehr, eine geruhsame Nacht hier zu verbringen und den Weg anderntags ausgiebig zu erforschen, denn gern erinnern wir uns an Goethes weisen Ausspruch: »Nur, wo du zu Fuß warst, bist du auch wirklich gewesen.«

Doch bevor es losgeht, laden wir Sie zu einer kleinen Exkursion in puncto Wanderwissen ein.

WANDERTIPPS FÜR UNTERWEGS

Kleidung: In der Natur kann man zu jeder Jahreszeit unterwegs sein. Voraussetzung dafür ist natürlich die richtige Kleidung. Es gibt genug Anbieter, die sich auf die entsprechende funktionelle Ausrüstung spezialisiert haben. Diese ist allerdings oft sehr preisintensiv, dafür modern und praktisch. Oft wird man aber auch schon in der eigenen Garderobe fündig.

Wichtig ist das richtige Schuhwerk. Es sollte nicht zu schwer sowie luftdurchlässig sein. Knöchelhohe Schuhe schützen besser vor dem Umknicken des Fußes, griffige Sohlen bieten Halt auf jedem Untergrund. Bedenken Sie, dass Ihre Füße während des Wanderns etwas größer werden! Ziehen Sie am Start einfach ein Paar zusätzliche Socken an, welche später wieder eingepackt werden können. Die Socken sollten Schweiß vom Fuß fernhalten, achten Sie auf den Stoff der Strümpfe. Die Jahreszeit hat direkten Einfluss auf die Länge der Hosen. Je wärmer, desto kürzer sollte sie sein, es sei denn, Ihr Weg führt durch Gebiete mit Disteln, Brennnesseln, Farnbüschen oder durch das Unterholz.

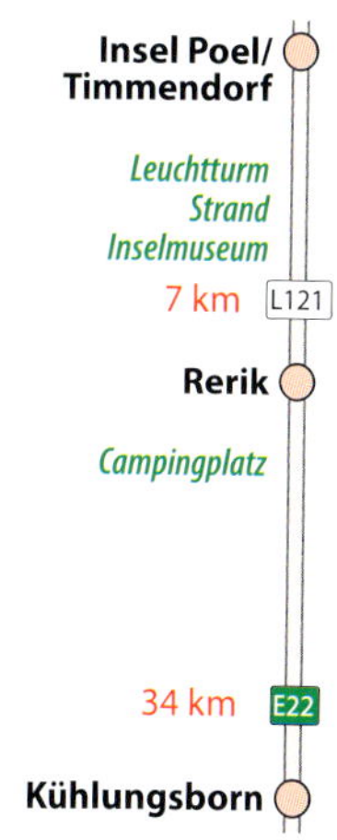

Leuchturm Timmendorf

Am Oberkörper gilt das Zwiebelprinzip. Je kälter es ist, desto mehr dünne Textilhüllen wärmen übereinander den Körper. Wird es während der Tour zu warm, können Sie sich mehrerer Hüllen entledigen. Im Sommer ist es sehr angenehm, mit weitem, kurzärmligem Hemd und knielanger Hose unterwegs zu sein. Der Wind trocknet den Schweiß auf der Haut, welche gegen Sonneneinwirkung durch UV-Creme geschützt werden sollte.

Führt der Weg durchs Unterholz, sollte auch Zecken- und Mückenschutz benutzt werden. Eine Kopfbedeckung ist im Winter wie im Sommer nützlich. Im Winter wärmt eine praktische Mütze Kopf und Ohren, im Sommer schützt der Schirm eines Basecaps vor der Sonnenblendung. Eine Sonnenbrille mit UV-Schutz rundet den Kopfschutz ab.

Gepäck: Beim Wandern ist ein Rucksack der perfekte Begleiter. Für kurze bis mittlere Touren reicht ein Fassungsvermögen von ca. 30 Litern aus. Der Rucksack sollte eine gepolsterte, möglichst ebene Rückseite haben, welche sich natürlich an den Körper anschmiegt. Verstellbare Träger helfen beim individuellen Anpassen. Außentaschen nehmen neben einer Trinkflasche auch Wanderkarte, Traubenzucker und Handy auf. An diese Dinge sollten Sie jederzeit schnell und bequem herankommen. Im Rucksack ist Platz für Wechselsachen, Regenschutz und Picknick samt kleiner Decke. Zudem sollten Sie eine kleine Mülltüte einpacken, damit Sie den unterwegs anfallenden Müll verstauen können.

Essen und Trinken: Als Verpflegung für unterwegs eignen sich am besten Vollkornprodukte und Apfelschorle wegen der enthaltenen Kohlenhydrate, dem Treibstoff unseres Körpers. Obst wie Äpfel und Bananen sorgen zusätzlich für die nötige leckere Vitaminzufuhr. Bewahren Sie die Verpflegung in verschließbaren Plastikbehältern auf, damit sie nicht während der Tour matschig und ungenießbar wird. Regelmäßiges Trinken ist Pflicht, verliert der Körper doch unterwegs über den Schweiß viel Flüssigkeit.

AUSFLUG

AN DEN RAND DES NATURSCHUTZGEBIETS

Wir folgen unweit unseres Stellplatzes dem oberhalb des Kliffs gelegenen Weg, wo uns verschiedene Gräserarten sowie niederes Gehölz begleiten, außerdem ein toller Blick zur einen Seite in die Wiesen, zur anderen über die Wellen der Ostsee. Ziel ist der Parkplatz Rustwerder. Eine große Informationstafel klärt dort über das Naturschutzgebiet Fauler See – Rustwerder/Poel sowie die Wegführung mit verschiedenen Aussichtspunkten auf, von wo aus die Tiere gut zu beobachten sind (Fernglas nicht vergessen!). Nach etwa sechs Kilometern durch Felder sind wir wieder zurück am Stellplatz. Die Leichte Route ist wunderbar abwechslungsreich.

Rechts: Eingang Vogelpark Niendorf

Unterwegs in den Wiesen beobachtet

Beschäftigung unterwegs: Während viele Menschen während der Tour die Entspannung suchen, den Weg zum Ziel machen, stellt sich für manche die Frage: Was mach ich unterwegs? Wie unterhalte ich meine Kinder im Wald und auf der Heide? Erwachsene sehen die Landschaft als Ganzes (der blaue Spiegel des von grünen Bäumen eingerahmten Sees inmitten lieblicher Hügel), Kinder entdecken einzelne Kleinigkeiten (der Schwan, der Pilz, die Wolke).

Folgendes können Sie tun: Erzählen Sie den Kindern spannende Geschichten aus der Zeit unserer Vorfahren; stellen Sie den Kindern Pflanzen und Bäume vor (Pilze, Holunder, Eiche, Buche, Kiefer usw.); nehmen Sie ein Buch über die Bewohner des Waldes mit und finden Sie das richtige Tier anhand der richtigen Fährte (Hase, Rehwild); oder entdecken Sie gemeinsam die gefiederten Sänger am Himmel oder in den Bäumen und Büschen. Auch kleine Spiele (Ich sehe was, was du nicht siehst) oder das Singen von Liedern wirken Wunder.

Gesundheit: Wer an der frischen Luft unterwegs ist, sollte ein paar »Gefahren« aus dem Weg gehen. Deshalb gehören auf den meisten Touren der Vorsicht halber Sonnenmilch, Zeckenzange und Mückenschutz einfach ins Gepäck. Diese Tuben sind nicht schwer und nehmen kaum Platz weg. Eine kleine Wanderapotheke mit Blasenpflastern, Jod, Pinzette zur Splitterentfernung, Taschenmesser und Papiertaschentücher sollten Sie auch mit sich führen.

Natur oder Stadt? Diese Wahl ist tatsächlich Geschmackssache. Natürlich kann man sich auch in der großen Stadt an der frischen Luft bewegen. Viele alte Stadtmauern locken mit schmalen, schattigen Wegen. Kirchtürme laden zum Weitblick ein und leckere Eiskugeln passen immer. Nur sollte ein solcher

KULTUR

FAULER SEE – RUSTWERDER/POEL

Das Naturschutzgebiet Fauler See – Rustwerder/Poel im Südwesten der Insel Poel umfasst 136 Hektar und soll ein beweidetes Strandwallsystem unter Einschluss einer Brackwasserlage schützen und erhalten. Der »Faule See« ist eine nur bis zu 0,5 Meter tiefe, ca. 46 Hektar große Brackwasserlagune mit schlickigem Untergrund und hat eine Verbindung mit der inneren Wismarbucht.
Im Naturschutzgebiet findet man die typische Salzwiesenabfolge, welche die besondere botanische Wertigkeit der Flächen ausmacht. Die Beweidung mit Pferden und Rindern dient dem Erhalt der Salzwiesen. Als Brutvögel sind Rotschenkel, Austernfischer, Mittelsäger, Kiebitz, Säbelschnäbler, Kampfläufer und Sandregenpfeifer von Bedeutung. Der Faule See ist außerdem ein bedeutender Rastplatz und Schlafgewässer für Zugvögel, insbesondere Schellenten und Singschwäne. Eine typische Amphibienart der flachen Brackwasserbereiche ist die Wechselkröte. Um die Brutvögel nicht zu stören, darf das Schutzgebiet nicht betreten werden.

Ausflug nicht zur Shoppingtour durch die Innenstadt werden. In der Natur allerdings treffen Sie deutlich weniger Leute, hier herrscht, abseits vom Verkehrslärm der Städte, Ruhe und die Luft ist eindeutig gesünder. An manchen Routen finden sich Badestellen, ob in der Ostsee, sauberen Binnenseen oder plätschernden Bächen, eine Erfrischung während der Wanderung gehört zum Höhepunkt einer Tour. Denken Sie daran, ein Handtuch im Rucksack zu verstauen!

FAHRRADRUNDWEG NACH KIRCHDORF

Ebenfalls sehr schön ist die Radroute entlang der wenig befahrenen Landstraße von **Timmendorf** nach Kirchdorf. Der Weg führt über Alleen und Feldränder sowie das letzte Stück parallel zum Kirchsee und bietet einen schönen Querschnitt der Insellandschaft. Zurück folgen wir der Beschilderung Richtung alte Hofanlage Kaltenhof. Hinter Kaltenhof geht es dann die kleine Strandpromenade entlang bis zum Ende. Ihrer Verlängerung folgen wir noch gut zwei Kilometer, dann sind wir wieder in Timmendorf. Die Gesamtlänge der Strecke beträgt ca. acht Kilometer und aufgrund der Topografie ist sie auch sehr gut für Kinder geeignet. Es gibt so viel zu sehen und zu entdecken, dass gerade mit Kindern durchaus eine Halbtagestour aus dem Ausflug werden kann. Besonders zu empfehlen ist das **Inselmuseum** in Kirchdorf, da es auch einen sehr schönen Außenbereich hat.

In **Kirchdorf** gab es bis in das 18. Jahrhundert eine große Festungsanlage, die einmalig in ihrer Bauweise war. Sie war das Lebenswerk des bekannten Festungsbauers Gert Ewert Pilooth. Angelegt als Gesamtobjekt auf 24 Hektar Land, gab es in ihrem Zentrum eine Kirche, ein Schloss mit Unterkunftsgebäuden, Wirtschaftsgebäuden, Stallungen, Versorgungseinrichtungen und vielem anderen mehr. Auch ein Schlossgarten gehörte dazu. Mit Fertigstellung im Jahr 1618 begann jedoch der Dreißigjährige Krieg. Danach waren von der Festungsanlage nur noch einige unterirdische Gänge, Kellergewölbe und Grundmauern vorhanden. Die Poeler hatten die Ruinen der Festung mit der Zeit abgetragen und mit den Steinen ihre Häuser aufgebaut.

Von der ehemaligen stolzen Festungsanlage sind heute nur noch die Wallanlagen zu sehen. Die Kirche, die schon 1258 fertiggestellt war und vom Baumeister geschickt in den Festungsbau miteinbezogen wurde, steht allerdings nach wie vor unversehrt auf ihrem Platz.

Weil an einen Wiederaufbau einer solch großen Festung aus heutiger Sicht nicht zu denken ist, ist ein Teil dieser Anlage als

Ostseebad Kühlungsborn, größtes Seebad von Meckpomm

Stellplatz Wittenbeck bei Kühlungsborn

Modell im Maßstab 1:10 auf dem Gelände des Inselmuseums entstanden und zu bewundern.

KÜHLUNGSBORN

Leider gibt es keine direkte Küstenstraße nach Kühlungsborn, sodass wir hinter Neubukow wieder Richtung Küste bis Rerik an das Ende vom Salzhaff fahren. Von hier führt die schöne Route am **Leuchtturm Bastorf** vorbei. Der 20,8 Meter hohe Turm steht auf der 78 ü. NN liegenden Spitze des Bastorfer Berges und ist damit nach dem Leuchtturm in Travemünde Zweiter der deutschen Ostsee-Leuchttürme in der Leuchtfeuerhöhe. Vom Café am Leuchtturm aus geht der Blick bis Kühlungsborn mit der Ostsee im Hintergrund. Abgesehen davon ist die hausgemachte Walnuss-Krokant-Torte ein Gedicht! Ich hoffe, Sie stimmen mit uns überein, dass der Stopp sich gelohnt hat, schließlich ist man nur wenige Minuten später am eigentlichen Ziel.

Kühlungsborn ist mit ca. 7800 Einwohnern der größte Bade- und Erholungsort Mecklenburgs und liegt direkt an der Mecklenburger Bucht. Der Titel »Seebad« wurde der Stadt am 15. Februar 1996 verliehen. Mit 3150 Metern Länge verfügt Kühlungsborn über eine der längsten Strandpromenaden Deutschlands. Am westlichen Ende mündet die Promenade in den Baltic-Platz. Der breite Sandstrand zieht sich über etwa sechs Kilometer hin.

Eine Besonderheit der Stadt ist der verglichen zur Stadtfläche verhältnismäßig große Stadtwald, der, und das ist noch seltener, von der kleinen Stadt komplett umschlossen wird. Dies führt zu einem ringförmig bebauten Stadtgebiet, in dessen Mitte sich der etwa 1,4 Quadratkilometer große Stadtwald befindet. Kühlungsborn ist voll und ganz auf die Tourismusströme eingestellt, an jeder Ecke wird dem Gast etwas geboten. Der 5-Sterne-Campingpark Kühlungsborn beispielsweise wartet vor allem in der Hochsaison zusätzlich mit einem Animationsprogramm für Kinder und Jugendliche auf. In der Neben- und Hochsaison ist die Anlage als eher hochpreisig einzustufen.

Uns zieht es darum einige Kilometer weiter an den Sanddornstrand in **Wittenbeck**. Hier gibt es einen großen Wohnmobilstellplatz für mehr als 100 Fahrzeuge jeder Größe. Die Stellplätze sind teilweise mit Strom und ein Sanitärgebäude gibt es auch. Leider war

Bäderbahn »Molli« mitten in Bad Doberan

uns das Wetter an diesem Tag nicht so hold, aber ein bedeckter Tag, was ist das schon. Das Restaurant Strandgut und eine Haltestelle der Traditionsbahn »Molli« findet man ebenfalls direkt vor Ort. Eine Dampflokomotive mitten auf dem freien Feld ist schon etwas ganz Besonderes. Weltweite Bekanntheit erlangte Molli als offizielles und einzi-ges Transportmittel der Pressevertreter zum G-8-Gipfel in Heiligendamm 2007.

DIE BÄDERBAHN MOLLI

Molli ist eine dampfbetriebene Schmalspurbahn auf 900 Millimeter Spurweite. Die 15,43 Kilometer lange Strecke wird heute vom Eisenbahnverkehrsunternehmen Mecklenburgische Bäderbahn Molli (MBB) betrieben und verbindet Bad Doberan mit Heiligendamm und dem Ostseebad Kühlungsborn. Die Fahrzeit beträgt ca. 40 Minuten. Innerhalb Bad Doberans fährt die Bahn auf Rillenschienen, die im Straßenpflaster liegen, ähnlich einer Straßenbahn, durch die nach ihr benannte Mollistraße. Im weiteren Verlauf ist sie auf Vignolschienen entlang einer Lindenallee trassiert. Zwischen Heiligendamm und Ostseebad Kühlungsborn führt die Strecke parallel zur Ostseeküste über Felder.

Der Endbahnhof Ostseebad Kühlungsborn-West beherbergt das **Molli-Museum** und das Bahnbetriebswerk. 1997 wurde von der Mecklenburgischen Bäderbahn Molli und anderen Teilnehmern der Verkehrsverbund

KULTUR

MOLLIS FIRMENGESCHICHTE

Am 19. Juni 1886 erteilte Friedrich Franz III., Großherzog von Mecklenburg, die Konzession für Bau und Betrieb einer schmalspurigen Eisenbahn vom Bahnhof Doberan nach Heiligendamm. Dieses erste Teilstück ging am 9. Juli 1886 in Betrieb. 1976 nahm der damalige Bezirk Rostock die Bahn in die Bezirksdenkmalliste auf. Zum 1. Oktober 1995 übernahm eine Betreibergesellschaft, bestehend aus dem Landkreis Bad Doberan sowie den Städten Ostseebad Kühlungsborn und Bad Doberan, die Strecke von der Deutschen Bahn AG. Heute firmiert die gemischt-wirtschaftliche Gesellschaft als Mecklenburgische Bäderbahn Molli GmbH mit Sitz in Bad Doberan.

Kühlungsborn
Promenade
Strandweg
12 km

Wittenbeck
Bäderbahn Molli
Stellplatz Steilküste
8 km L105

Bad Doberan
Klosterkirche
Einkauf
11 km L105

Warnemünde
Hafen
Fähre Hohe Düne
19 km L105

Ribnitz Damgarten

Klosterkirche

Warnow gegründet. Seitdem akzeptiert die Bäderbahn Molli Wochen- und Monatskarten aus dem Verbundsortiment. Fahrkarten aus dem Preissystem der Deutschen Bahn, darunter das Schönes-Wochenende-Ticket, werden seit dem Betreiberwechsel hingegen nicht mehr anerkannt. Ende 2012 wurden Pläne vorgestellt, die Bahnstrecke bis nach Warnemünde zu verlängern. Vertreter der Städte Bad Doberan, Kühlungsborn und Rostock erhoffen sich davon eine deutliche Nachfragesteigerung. Die Kosten dafür werden auf einen zweistelligen Millionenbetrag veranschlagt.

Die Familienkarte kostet ab 13,50 Euro, eine Einzelfahrt ab 3 Euro. Weitere Informationen zu Abfahrtzeiten, Sonderfahrten usw. finden Sie im Internet unter www.molli-bahn.de oder Sie erhalten sie bei der Mecklenburgischen Bäderbahn GmbH, Am Bahnhof 3–4, 18209 Bad Doberan, Tel. 038293/431331.

BAD DOBERAN

Wer mit der Molli in Bad Doberan über die Lindenallee einfährt, taucht für einen Augenblick in eine andere Zeit oder hat das Gefühl, sich inmitten einer Filmkulisse zu befinden. Die gut erhaltenen Villen und Herrenhäuser aus der Zeit der Jahrhundertwende haben ihr ganz eigenes Flair und schon von Weitem ist der imposante Turm der Klosterkirche zu sehen.

Die Stadt **Bad Doberan** gehört zum Landkreis Rostock und hat ca. 11 000 Einwohner. Wirtschaftlich ist neben dem Tourismus unter anderem die Lebensmittelproduktion von Bedeutung. Bad Doberan entwickelte sich um die am 3. Oktober 1232 geweihte Kirche des Klosters Doberan. 1879 wurde dem Ort das Stadtrecht verliehen und im Jahr 2000 der Titel Heilbad. Heute ist das Städtchen bekannt für sein

KULTUR

KLOSTER DOBERAN

Für Kulturinteressierte ist der Besuch der alten Klosteranlage fast ein Muss. Das im Jahre 1171 gegründete Kloster hatte als erstes mecklenburgisches Kloster und landesfürstliche Hauptgrablege bereits im Mittelalter höchste politische und historische Bedeutung. Heute gilt das Münster in Bad Doberan als das bedeutendste mittelalterliche Bauwerk in Mecklenburg-Vorpommern, unübersehbar von höchster technischer wie gestalterischer Perfektion. Die erhaltene Ausstattung besteht fast durchweg aus Stücken von höchster künstlerischer Qualität, wobei die Fülle und die Geschlossenheit des aus mittelalterlicher Zeit stammenden liturgischen Bestandes in keiner anderen Kirche Norddeutschlands erreicht werden. Auch blieb in keiner anderen Zisterzienserklosterkirche europaweit eine reichere Originalausstattung erhalten. Bemerkenswert sind u. a. der Hochaltar als ältester Flügelaltar der Kunstgeschichte, der monumentale Lettner-Kreuzaltar, und die Grabplastik der dänischen Königin Margarete Sambiria.
Info: Kloster Bad Doberan, Klosterstr. 2, 18209 Bad Doberan, www.muenster-doberan.de

Ältester Flügelaltar der Kunstgeschichte von 1300

gotisches Münster, seine gut erhaltene Altstadt mit vielen Baudenkmälern, seine traditionsreiche Ostsee-Pferderennbahn sowie für seinen Stadtteil **Heiligendamm**, das 1793 gegründete und damit älteste Seebad auf dem europäischen Kontinent. Über die Bäderbahn Molli ist Heiligendamm mit dem Stadtzentrum und mit Kühlungsborn verbunden.

Nur wenige Kilometer von unserem Wohnmobilstellplatz entfernt, hatten wir auf unserer Fahrt mit der Molli eine große Reitanlage gesehen. Da wir ein wenig neugierig waren, planten wir, vor der Weiterfahrt Richtung Warnemünde noch einen Stopp einzulegen. Dass sich hier, zwischen Bad Doberan und Heiligendamm, die älteste **Galopprennbahn** des europäischen Festlandes befindet, hatten wir eher nicht erwartet.

Bereits 1804 fanden hier auf freiem Feld die ersten Pferderennen der Badegesellschaft statt. Die Rückkehr aus dem durch die napoleonische Besetzung erzwungenen Exil von Herzog Friedrich Franz I. im Jahre 1807 feierte das Volk mit Reitvorführungen in Reddelich bei Doberan. Galopprennbahn wird die Bahn im Sommer 1822, als die Barone Gottlieb und Wilhelm von Biel zu Ehren der Erbgroßherzogin Alexandrine das erste Rennen mit Vollblutpferden auf der Doberaner Rennbahn nach festen Regeln auf freiem Feld organisierten.

Noch im gleichen Jahr erfolgte die Gründung des Doberaner Rennvereins, dessen Wappentier der englische Hengst Highflyer wird, und schon ein Jahr später veranstaltete man auf der neu errichteten Rennbahn nun alljährlich die unterschiedlichsten Pferderennen zu den Doberaner Renntagen. Der Großherzog legte fest, dass der jeweils erste Renntag der 13. August zu sein habe und mit dem sogenannten Bauernrennen für Pferde der Landbevölkerung beginnt. Seit 1826 gab es dann die »Friedrich-Franz-Rennen« um die »Goldene Peitsche«, die mit nur wenigen Unterbrechungen bis 1936 stattfanden.

Die 1828 errichtete Zuschauertribüne aus Holz wurde 1854 durch eine größere im Stil der Bäderarchitektur ersetzt und bot 400 Zuschauern Platz. Seit der Fertigstellung der Schmalspurstrecke 1886 mit Haltepunkt an der Rennbahn wurde nicht nur der Transport der Pferde wesentlich erleichtert, sondern

Kreuzfahrtriesen im Warnemünder Hafen

auch die Anreise der immer größeren Anzahl von Zuschauern. Es wird erzählt, dass an den Doberaner Renntagen die Züge so voll waren, dass Molli den Bahnhof nur schleichend verlassen konnte, Radfahrer die Bahn spielend überholt hatten und jeder froh war, wenn er den Haltepunkt »Rennbahn« erreicht hatte. 1939 fand dann der vorerst letzte Galopprenntag statt.

Mit Beginn des Zweiten Weltkriegs nutzte die Luftwaffe das Gelände als Ausweichflugplatz. Aber bereits vier Wochen nach Kriegsende fand auf Betreiben eines sowjetischen Offiziers wieder ein erstes Galopprennen statt. Zunächst jedoch gab es keine Wiederholung, denn im strengen Winter von 1946/47 wurden Teile der Tribüne als Brennholz und die massiven Steinbauten als Baumaterial benutzt. Zur 200-Jahrfeier von Heiligendamm, 1993, wurde die neue Rennbahn auf dem alten Gelände wieder eingeweiht und seitdem sind die Pferderennen erneut fester Bestandteil des deutschen Turfs, das seinen Höhepunkt im alljährlichen »Ostsee- Meeting« findet.

Dieser Abstecher zeigt, wie vielfältig die Angebote am Rand der Routen sind. Immer wieder hält die gesamte Küste neue und schöne Überraschungen parat.

OSTSEEBAD WARNEMÜNDE

Für uns sind es jetzt noch 19 Kilometer auf der L 105, bis wir Warnemünde erreichen. Das Ostseebad **Warnemünde** (offiziell Seebad Warnemünde) ist ein Stadtteil im Norden der Hansestadt Rostock und zählt ca. 6700 Einwohner. Die Warnow mündet hier in die Ostsee und gab Warnemünde seinen Namen, es wurde 1195 erstmals in dänischen Urkunden erwähnt. Bereits 1323 erwarb Rostock das kleine Fischerdorf, um sich den Zugang zum Meer zu sichern. Mit einem 150 Meter breiten Sandstrand verfügt das Seeheilbad über den breitesten Sandstrand der deutschen Ostseeküste.

Warnemünde ist zugleich Deutschlands bedeutendster **Kreuzfahrthafen**. Für uns hatte sich die Celebrity Eclipse an der Kaimauer platziert. Der 317 Meter lange Kreuzfahrer bietet in 1400 Kabinen 3300 Passagie-

Eingang Warnemünder Altstadt

ren Platz. Sie wurde auf der Meyer-Werft in Papenburg gebaut und bereist seit 2010 die Weltmeere. Dagegen ist unser fahrendes Schlafgemach noch weniger als ein Zwerg!

Wer noch nicht von der Warnemünder Woche oder der Hanse Sail Rostock gehört hat, dem sei gesagt: Allein diese beiden Veranstaltungen, große und berühmte Segel-Events, locken jeden Sommer mehr als zwei Millionen Besucher in den Hafen. Auch verbrachten schon immer prominente Gäste gern hier ihre Sommerfrische, ehemals etwa Kurt Tucholsky, Theodor Fontane oder Hans Albers.

Das Zentrum Warnemündes ist geprägt von den alten Bebauungen des 19. Jahrhunderts in den Straßen Vörreeg (plattdeutsch: Vorderreihe, heute: Am Strom) und Achterreeg (plattdeutsch: Hinterreihe, heute: Alexandrinenstraße), die beide parallel zum Alten Strom liegen. Am Neuen Strom, der heutigen Einfahrt zum Rostocker Hafen, endet das rechte Ufer bei **Hohe Düne**. Heute verkehren hier zwei gegenläufig arbeitende Autofähren, von denen uns eine zur anderen Seite befördert. Die Traglast reicht bis zu 40 Tonnen, stellt also kein Hindernis für Wohnmobile dar.

BERNSTEINSTADT RIBNITZ-DAMGARTEN

Am flachen Gebiet der Markgrafenheide vorbei, möchten wir an die Grenze des ehemals getrennten Landes Mecklenburg und

Naturschutzgebiet Ribnitzer Moor

Private Schatzkammer!

Vorpommern. Die Doppelstadt **Ribnitz-Damgarten** entstand 1950 durch Zusammenlegung der beiden Städte Ribnitz (in Mecklenburg) und Damgarten (in Pommern). Beide Stadtvertretungen hatten sich gegen den Zusammenschluss der Städte ausgesprochen. Die damals Regierenden wollten jede Erinnerung an Pommern und die damit verbundene historische mecklenburgisch-pommersche Grenze auslöschen. Offiziell wurde die Notwendigkeit einer größeren Kreisstadt für den 1952 gebildeten Kreis Ribnitz-Damgarten vorgeschoben.

Das Flüsschen **Recknitz** bildet die natürliche Grenze zwischen Mecklenburg und Pommern. Die beiden Stadtteile Ribnitz und Damgarten werden durch eine breite, sumpfige Flussniederung getrennt. Der Übergang über die Recknitz wird auch Mecklenburger Pass genannt. Auf der mecklenburgischen Seite befindet sich unmittelbar am Fluss das Pass-Gehöft. Nach der politischen Wende wurden ab 1991 die historischen Stadtkerne von Ribnitz mit dem Kloster und von Damgarten im Rahmen der Städtebauförderung gründlich saniert und führen seit 2009 die Bezeichnung Bernsteinstadt vor ihrem Namen.

Etwas außerhalb liegt unser heutiges Ziel: das Naturschutzgebiet **Ribnitzer Großes Moor** mit dem nahe gelegenen Natursee. Am Info-Zentrum Wald und Moor gibt es ausreichend Parkmöglichkeiten für Wohnmobile. Von April bis Oktober starten jeden Mittwoch um zehn Uhr kostenlose, geführte naturkundliche Wanderungen in das Große Moor. Für die 7,5 Kilometer lange Strecke benötigt man etwa 3,5 Stunden. Die feuchten Wälder bieten besonders am Vormittag eine atemberaubende Kulisse, wenn die Wasserdämpfe als Nebelschwaden langsam vom weichen Boden nach oben steigen. Interessierte erfahren ganz nebenbei vieles über Flora und Fauna der Gegend. Nach der Rückkehr kann man sich zur Stärkung wunderbar in dem kleinen Gartencafé niederlassen.

Auch die angeschlossene private **Naturschatzkammer** mit Pilzmuseum verfügt einige sehr ausgefallene Exponate aus Wald und Flur. Es gibt besonders große, regionale Bernsteinfunde zu bestaunen. An warmen Tagen kann man sich im nur drei Kilometer entfernten **Bersteinsee** erfrischen. Der See ist durch einen Damm geteilt, sodass Mensch und Tier ihr jeweils eigenes Areal für sich haben. Unser Teil verfügt über einen kleinen Badestrand mit Schwimmbereich sowie über eine Wasserskianlage, die sowohl Anfängern als auch Könnern zur Verfügung steht.

Von der Terrasse der Gastronomie aus hat man einen schönen Ausblick auf beide Seiten des Sees und kann mit dem Fernglas sogar seltene Wasservögel beobachten. Die

Ribnitz Damgarten
Naturpark
Moorzentrum
Bernsteinsee
35 km L105
Dierhagen
Strandcamping
Hafen
10 km L105
Ahrenshoop
Künstlerdorf
12 km L105
Ziel

Im Dierhagener Hafen

Küche zeichnet sich durch modern interpretierte Speisen mit regionalen Zutaten aus. Wir empfehlen das Burger-Party-Menü vom heimischen Rind: vier Hamburger mit Salat, dazu eine große Schale selbst gemachter Pommes frites mit Dips und vier Getränke nach Wahl für nur 30 Euro. Bei dem herrlichen Wetter vergeht der ausgefüllte Tag wie im Flug.

Für die Übernachtung haben wir das zehn Kilometer entfernte **Strandcamping Dierhagen** gewählt. Abseits der Straße, in einer Sackgasse gelegen, entpuppt sich der Campingplatz als sehr gemütlich und ist genau das Richtige für Mensch und Motor, um eine Pause einzulegen. Der extra dafür reservierte vordere Teil des Campingplatzes bietet auch Platz für große Wohnmobile. Trotz Vorsaison ist gut was los, aber die netten Betreiber finden für jeden ein Plätzchen. Der Himmel ist etwas bewölkt, der Strand nicht sehr breit, dafür scheinbar endlos! Hunde sind erlaubt, können sich also richtig austoben.

Dierhagen teilt sich, wie so oft an der Ostsee, in die Ortsteile Strand und Hafen, den wir am nächsten Morgen besuchen möchten. Bis in die Nacht sitzen wir gemeinsam mit einer bunt gemischten Gruppe Campingfreunde am Lagerfeuer und grillen. Ob mit Fahrrad, Auto oder zu Fuß, Zelt, Caravan oder Wohnmobil, das alles spielt hier überhaupt keine Rolle, denn jeder genießt auf seine Weise die Freiheit und die Natur.

Der frisch gebrühte Kaffee schmeckt nach so einer ruhigen und erholsamen Nacht gefühlt doppelt gut. Bevor wir die Weiterfahrt zum Hafen starten, nutzen wir die guten Einrichtungen zur Ver- und Entsorgung. Überhaupt gilt der Grundsatz, wenn möglich, dann nutzen, denn wer weiß, was der nächste Tag bringt.

Uns führt er zunächst in den nur zwei Kilometer entfernten, kleinen und romantischen

Gemütlichkeit am Bernsteinsee

Der Jan liebt seine Fischbrötchen auch

Hafen von Dierhagen. Ein Ofen raucht und der Duft von frisch geräuchertem Fisch steigt uns verlockend in die Nase, dabei ist das Frühstück gar nicht so lange her. Besonders schön sind die alten Segler (Zeesenboote), mit denen man auch einen Törn unternehmen kann. Eine Tour an Bord der **Hanne Nüte** gibt es bereits für zwölf Euro für Erwachsene und sieben Euro für Kinder (Infos unter www.boddenskipper.de). Skipper Peter Zobel kennt den Bodden und seine Besonderheiten wie kein anderer. Besonders angetan haben es uns auch Jan und sein alter Fischkutter, auf dem er die herrlichsten Fischleckereien frisch zubereitet und von Bord reicht – ob Räucherfisch, Butterfisch, frisch belegte Brötchen oder Backfisch. Mein Matjes erhält jedenfalls die Note Eins plus! Wir sitzen am Ufer, blicken auf den in der Sonne schimmernden Bodden und genießen einfach den Moment der Zufriedenheit.

Doch wir dürfen nicht vergessen, dass wir heute noch den Endpunkt unserer Etappe erreichen wollen. Wir verlassen also bald darauf Dierhagen und setzen auf der gerade mal 300 Meter breiten Landzunge über auf das Fischland und den Darß.

KÜNSTLERKOLONIE AHRENSHOOP

An manchen Tagen zieht es wahre Kolonnen von kunstbesessenen Touristen durch die Gassen von Ahrenshoop. Sie sind auf der Spur der legendären, überwiegend deutschen Maler, die sich während der Epoche des Impressionismus hier ganz oder zeitweise niederließen.

Gegen Ende des 19. Jahrhunderts gründeten die Maler Paul Müller-Kaempff, Fritz Grebe, Thuro Balzer, Friedrich Wachenhusen, Oskar Frenzel und Theobald Schorn in Ahrenshoop eine Malschule und begründeten damit die **Ahrenshooper Künstlerkolonie**. Zu diesem Verbund gehörten beispielsweise auch Louis Douzette, Elisabeth von Eicken, Hugo Richter-Lefensdorf oder Anna Gerresheim.

AUSFLUG

VON WUSTROW NACH AHRENSHOOP

Leider bietet Ahrenshoop wenig geeignete Parkplätze für Wohnmobile. Daher haben wir von Wustrow aus eine ca. sieben Kilometer lange, zweistündige Rundwanderung entlang der Steilküste nach Ahrenshoop unternommen. Start ist am Parkplatz des Surfcenters Wustrow. Ab der Seebrücke folgen wir dem Europäischen Fernwanderweg E9 »Atlantik–Nordsee–Ostsee«. Er führt uns auf den Hochuferweg, wo uns Sanddornhecken, Rosenbüsche und Silberpappeln begleiten, während wir herrliche Ausblicke auf Strand und Meer genießen. An einer Barriere verlassen wir den Uferweg nach rechts und gelangen auf einen breiten Sandweg. Hier wenden wir uns nach links und wandern weiter, bis rechts der Bakelberg (18 m) als höchste Erhebung des Weges erscheint. Von ihm aus lässt sich nochmals eine tolle Weitsicht erleben. Zurück auf dem Wanderweg, folgen wir diesem bis Ahrenshoop und kehren anschließend zurück nach Wustrow. Info: Start-/Zielpunkt Parkplatz Surfcenter Wustrow, GPS-Daten: N 54°20‘26.85“ / E 12°22‘49.16“. Wer möchte, kann am Strandplatz des Surfcenters auch übernachten.

Kunstvoll dargebotene Keramik

Im Jahr 1911 besuchten die Russin Marianne von Werefkin und der Deutsch-Russe Alexej Jawlensky die Ostseeküste. Beide dem Expressionismus zugewandte Maler gehörten der Neuen Künstlervereinigung München an. Verbrieft ist, dass sie im nahe gelegenen Prerow in der damaligen Villa Seestern in der Waldstraße wohnten und Ahrenshoop einen Besuch abstatteten. Werefkins Gemälde »Die Steilküste von Ahrenshoop« zeugt davon. Nicht bekannt ist, ob Erich Heckel, ein Maler der expressionistischen Brücke-Gruppe, ebenfalls nach Ahrenshoop kam. Möglich ist es durchaus, immerhin bewohnte er zeitgleich mit Werfekin und Jawlensky in Prerow das Landhaus Dorneneck in der Grünen Straße.

Gesichert dagegen ist, dass der Kunstmaler Hans Brass von 1923 bis 1948 in Ahrenshoop lebte. Zusammen mit Martha Wegscheider gründete er die »Bunte Stube«. In den 1930er-Jahren lebte und arbeitete auch der Bildhauer Gerhard Marcks in Ahrenshoops Boddenweg 1 (Ortsteil Niehagen). Und von 1948 bis 1953 dann hatte der Rostocker Landschaftsmaler Rudolf Schmidt-Dethloff sein Atelier in dem Künstlerort, wo er auch Malunterricht gab. Der bekannte Vertreter der informellen Malerei Edmund Kesting besuchte Ahrenshoop viele Sommer lang in den 1960er-Jahren und schuf dort einige seiner Werke.

Da wir uns für die Wandervariante nach Ahrenshoop entschieden haben, endet unser dritter Tourenabschnitt mit der Übernachtung am Surfcenter in Wustrow. Wie Sie selbst bemerkt haben werden, ändert sich hinter Travemünde mit dem Überfahren der Landesgrenze zwischen Schleswig-Holstein und Mecklenburg-Vorpommern einiges. Die Landschaft mutet freier an und gefühlt hat man mehr Luft zum Atmen. Ich kann Ihnen versprechen, dass sich dies im Verlauf der nächsten Routen fortsetzen bzw. verstärken wird. Schließlich erwarten Sie noch der Darß, die Inseln Rügen und Usedom mit tollen Naturlandschaften und Bilder, die wir vielleicht alle ein wenig im Kopf haben, wenn wir an die Ostsee denken. Oft begleitet uns natürlich auch die Geschichte der 40-jährigen Trennung der beiden deutschen Staaten. Trotz steigender Zahl von Wohnmobiltouristen werden wir weiter bemüht sein, Ihnen das Feeling von Freiheit und Natur nahezubringen, ohne Tür an Tür mit dem zeitlich begrenzten Nachbarn zu stehen.

Idylle in Ahrenshoop

PRAKTISCHE HINWEISE

Naturschutzgebiet »Fauler See«, Insel Poel

KARTE

Kümmerly+Frey, Karte 2 »Deutsche Ostseeküste«,
Maßstab 1:275 000, ISBN 978-3-259-01461-5

TOURISTINFORMATIONEN

Touristinformation Wismar
Lübsche Str. 23 a, 23966 Wismar, Tel. 0384/194 33, für Stadtführungen Tel. 03841/22 52 91 21, www.wismar-tourist.de

Touristinformation Insel Poel/Timmendorf
Timmendorfer Strand Niendorf Tourismus GmbH, Timmendorfer Platz 10, 23669 Timmendorfer Strand, Tel. 04503/357 70, www.timmendorferstrand.de

Touristinformation Warnemünde
Am Strom 59/Ecke Kirchenstr., 18119 Rostock-Warnemünde, Tel. 0381/381 22 22, www.warnemuende.de

CAMPING- UND STELLPLÄTZE

C 300 **Ferienanlage Boltenhagen** (S. 170 A5)
Ostseeallee 54, 23946 Boltenhagen,
Tel. 0431/237 23 70, www.regenbogen.ag
GPS-Daten: 53.980833, 11.216389
Eingebettet zwischen Ostseestrand und Tarnewitzer Urwald liegt diese Campinganlage mit Wellnessparadies – von Sauna über Massage bis zur kosmetischen Behandlung. Restaurant und Einkaufsmöglichkeiten sind auf dem Platz. Die ausgewiesenen Wohnmobilstellplätze sind wenig beschattet, der Campingplatz hingegen sehr. Ganzjährig geöffnet.

S 301 **Ostseecamping Beckerwitzer Strand**
(S. 170 B5)
Ostseestr. 10, 23968 Hohenkirchen,
Ortsteil Beckerwitz,
Tel. 038428/602 65,
www.ostseecampingbeckerwitz.de
GPS-Daten: 53.927910, 11.327338
Gepflegter Wohnmobilstellplatz für 20 Mobile vor dem Ostseecampingplatz Beckerwitzer Strand direkt am Strand mit Dusche, WC und Strom. Hunde erlaubt.

S 302 **Wohnmobilpark Westhafen Wismar**
(S. 170 C6)
Schiffbauerdamm 12, 23966 Wismar,
Tel. 0172/390 53 68 (Platzwart), 0172/388 40 03 (Büro),
www.wohnmobilpark-wismar.de
GPS-Daten: 53.894511, 11.451903
Ein schöner, grüner, ebener Platz mit großzügigen, befestigten Stellflächen. Fußläufig zur Altstadt. Standgebühren 10 €/24h inklusive Entsorgung, Müll und WC oder 7 € für 12h inklusive Entsorgung, Müll und WC. Duschen gegen Gebühr, Hunde erlaubt, Reservierung möglich. Sehr nette »Kneipe« am Platz.

S 303 **Wohnmobilstellplatz am Poeler Forellenhof**
(S. 170 C5)
Niendorf 13, 23999 Insel Poel,
Tel. 038425/42 00, www.poeler-forellenhof.de
GPS-Daten: 53.994570, 11.446504
Stellplatz für 15 Mobile, reservierter Teil des betonierten Parkplatzes des Forellenhofs. Direkt an der Kaimauer zwischen Bootshafen und Räucherei, Imbiss und Restaurant am Platz. Kein Schatten, WC vorhanden.

C 304 **Campingplatz Leuchtturm** (S. 170 B5)
Lotsenstieg 25, 23999 Timmendorf,
Tel. 03842/52 02 24,
www.campingplatz-leuchtturm.com
GPS-Daten: 53.994006, 11.379299

Wohnmobile am Strandcamping in Diehagen

Sehr großer, weitläufiger Campingplatz mit 600 Parzellen, davon 400 für Tourist-Camper. Surf- und Kiteschule direkt am Strand, FKK- und Hundestrand ebenfalls direkt am Platz.

C 305 **Ostseecamp Seeblick** (S. 170 D4)
Meschendorfer Weg 3b, 18230 Ostseebad Rerik,
Tel. 038296/7110, www.ostseecamp.de
GPS-Daten: 54.129136, 11.645654
Ebenes Wiesengelände mit Bäumen, Parzellen durch niedrige Buschreihen abgeteilt. Separater Wohnmobilhafen mit eigener Zufahrt angrenzend an Campingpark Ostseebad Rerik.

C 306 **Campingpark Ostseebad Rerik** (S. 170 D4)
Straße am Zeltplatz 8, 18230 Rerik,
Tel. 038296/75720, www.campingpark-rerik.de
GPS-Daten: 54.112471, 11.633416
Neuer Wohnmobilplatz für 35 Mobile mit Strom, Satellitenanschluss und allen Versorgungseinrichtungen. Die Plätze sind etwa 60 Quadratmeter groß und begrünt. Hunde erlaubt.

S 307 **Wohnmobilstellplatz Sanddornstrand** (S. 170 D3)
Kühlungsborner Str. 14, 18209 Wittenbeck,
Tel. 0172/9037723,
www.sanddornstrand-wittenbeck.de
GPS-Daten: 54.146040, 11.792823
Direkt an der Ostsee zwischen Kühlungsborn und Heiligendamm, mit dem Europäischen Rad- und Wanderweg verbunden und mit eigener Molli-Haltestelle. Der Bäcker kommt jeden Morgen mit frischen Brötchen. Ein Restaurant und »Joschi's Strandbistro« laden zum Essen und Trinken ein. WC, Dusche, Ver- und Entsorgung vorhanden.

C 308 **Campingplatz »An den Stranddünen«** (S. 171 G2)
Waldweg 5, 18347 Dierhagen,
Tel. 038226/80492, www.campingplatz-wiesner.de
GPS-Daten: 54.304624, 12.348542
Ebenes Wiesengelände am Ortsrand auf der Landseite des Deichs mit einigen Bäumen. Etwa 350 Meter langer und 40 Meter breiter Sandstrand. Hundestrand direkt am Campingplatz.

S 309 **Wohnmobilstellplatz Surfcenter Wustrow** (S. 171 G1)
An der Nebelstation 2, 18347 Wustrow,
Tel. 038220/80250, www.surfcenter-wustrow.de
GPS-Daten: 54.340778, 12.380306
Einfacher Stellplatz in direkter Strandnähe auf asphaltiertem Untergrund. Zum Ort rund 500 Meter. Guter Ausgangspunkt für eine Wanderung nach Ahrenshoop.

4 NATÜRLICH SCHÖN: DIE GRÖSSTE DEUTSCHE INSEL

Über den Darß zur Inselrunde auf Rügen

Entlang der 45 Kilometer langen Küstenlinie formen Wind und Wellen seit Anbeginn das Land: Am Weststrand auf dem Darß wird einmalig sichtbar, welche Kraft die Natur besitzt, und an der Ostseite schauen wir bereits voller Sehnsucht bis nach Rügen. Das Meer, der breite feine Sandstrand, die frische reine Ostseeluft – das ist ein Dreiklang, der zu jeder Jahreszeit zum Verweilen an der Ostsee einlädt. Atmen Sie hier einmal tief durch und spüren Sie die wohltuenden Reize des milden Küstenklimas, das an 365 Tagen auf Deutschlands schönster Halbinsel und seiner größten Insel herrscht.

Stolz der Ostseebäder – Seebrücke in Sellin

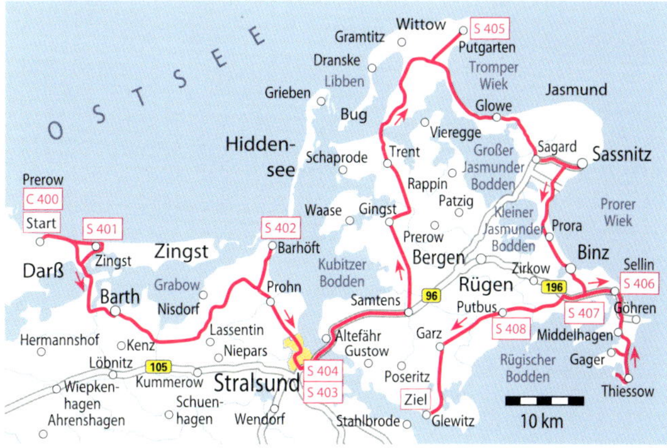

Direkt vor Prerow liegt der **Nationalpark Vorpommersche Boddenlandschaft** mitten im Wasser der Ostsee und erstreckt sich im Westen bis auf das Land an den Darßer Ort, nordwestlicher geht nicht – sonst gibt es nasse Füße!

Das ehemalige Fischer- und Seefahrerdorf **Prerow** liegt im Norden der Halbinsel Fischland-Darß-Zingst. Umgeben vom urwüchsigen Darßwald, ausgedehnten Salzwiesen und seichten Boddengewässern, bieten landschaftliche Gegensätze große Anziehungskraft. Auf mehr als fünf Kilometer Länge erstreckt sich ein feinsandiger und steinloser Strand in der Prerower Bucht, einer der schönsten Strände Europas. Stellenweise ist er bis zu 90 Meter breit. In der Bucht ist das Wasser so klar, wie wir es sonst eher vom Mittelmeer kennen. Durch den alten Baumbestand des Darßwaldes findet man dank guter Beschilderung mühelos den Weg zum Darßer Ort oder dem wildromantischen Weststrand. Beide Strände gelten als die landschaftlich schönsten an der deutschen Ostseeküste. Aber nicht nur das: Dort am Darßer Ort befindet man sich auch am nördlichsten Punkt der Halbinsel Fischland-Darß-Zingst.

VERBUNDEN MIT DEM MEER

Für Prerow selbst ist eine weitläufige Bebauung charakteristisch. Viele alte Kapitänshäuser zieren das Ostseebad. Sie sind erkennbar an den liebevoll gestalteten Haustüren, welche die Seeleute selbst schnitzten und bemalten. Entdecken Sie die unterschiedlichen Motive dieser historischen Türen. Ein typisches Symbol ist natürlich der Anker, welcher das Verwachsensein mit dem Meer zum Ausdruck bringen sollte. Der Prerower Hafen befindet sich am Ende des Prerower Stromes. Er ist nur von der Boddenseite aus zu erreichen. Hier wird eines der beliebtesten Volksfeste, das »Drachenbootrennen«, alljährlich im Sommer ausgetragen bei dem Vereine, Firmen und Schulen gegeneinander antreten.

ROUTE 4

START- UND ENDPUNKT
Prerow und Glewitz

STRECKEN
überwiegend Land- und Kreisstraßen

STRECKENLÄNGE
ca. 300 Kilometer

FAHRZEIT
7 bis 14 Tage

BESTE JAHRESZEIT
April bis Oktober

AUSFLUG

NATUREUM DARSSER ORT

Ein Besuch des Natureums Darßer Ort lohnt auf jeden Fall, denn die Außenstelle des Deutschen Meeresmuseums in Stralsund bringt Besuchern den Naturraum Darßer Ort sehr lebendig nahe. Diverse Ausstellungen informieren beispielsweise über die Tierwelt der Darßlandschaft oder über die durch Wettereinflüsse herrschende Küstendynamik, durch welche sich die Küste laufend verändert. Die Anlage des Natureums beherbergt neben dem Ostseeaquarium, einem Strand- und Dünengarten oder einem Feuchtbiotop auch den Leuchtturm Darßer Ort, von dem man eine herrliche Aussicht auf die Küste genießt. Allerdings kann der Weg zu Fuß äußerst lang werden, also besser das Fahrrad nehmen oder sich vom Ortsende mit einer Kutsche fahren lassen.

Oben links: der größte Campingplatz Deutschlands – 38 Hektar am Darßer Ort

Waldstellplatz im Regenbogencamp

CAMPINGPLATZ DARSSER ORT

Der Campingplatz Darßer Ort, heute Regenbogencamp, ist der flächenmäßig größte Campingplatz Deutschlands. Auf 38 Hektar verteilen sich 1400 Stellplätze. Der Platz liegt inmitten des Naturschutzgebietes, was nur möglich ist, weil er dort bereits vor der Wiedervereinigung seit Jahrzehnten beheimatet war. Grund genug für uns, trotz der Vorbehalte ob seiner Ausmaße, ihm einen unvoreingenommenen Besuch abzustatten.

Es gibt wohl nicht viele Campingplätze, die über einen 2,5 Kilometer langen eigenen Strand verfügen oder über sieben Sanitärhäuser, mehrere Restaurants und einen Supermarkt. Derlei Dimensionen rechnet man eher Anlagen am Mittelmeer zu. Bereits der erste von zwei ausgewiesenen Stellbereichen für Wohnmobile liegt 1,5 Kilometer von der Rezeption entfernt, vielleicht hätten wir doch besser die Fahrräder genommen! Erstaunlich ist die gesamte Naturlage des Platzes: zum Teil mitten im Wald. Dadurch entdeckt man immer nur Teilbereiche, die wiederum sehr klein gehalten sind. Warum die Wohnmobile nicht näher zum Strand können, erschließt sich uns schnell: Die

Start
Prerow
Regenbogencamp
Darßer Ort
Traumstrand
Zingst
Experimentarium
Stellplatz
Camping Deichgraf
Restaurant
Leuchtturm
13 km L105
Barth
Altstadt
Vineta-Museum
Meeresgrund-wanderer
14 km L105
Barhöft

KULTUR

FREIKÖRPERKULTUR, KURZ FKK

Weit verbreitet und ein Stück Freiheit für die Bürger der ehemaligen Deutschen Demokratischen Republik war die Freikörperkultur. Gerade von der älteren Generation wird diese Tradition fortgeführt, denn sie bedeutet für sie ein Stück weit Lebensphilosophie. Bis heute gibt es sogar eigene FKK-Verbände, deren Mitglieder Anhänger der Freikörperkultur sind und die sich auch z. B. mit Verbänden anderer Länder austauschen. Wundern Sie sich also nicht, wenn es entlang der Ostseeküste Mecklenburg-Vorpommerns viele Strandabschnitte gibt, die zu diesem Zweck freigegeben und bestimmt sind. Es werden Ihnen hier vermehrt Menschen im »Adamskostüm« über den Weg laufen! Zum Teil gilt dies für ganze Campinganlagen (also nicht versehentlich auf einem »Nudistencamp« einbuchen), auf jeden Fall für Strandabschnitte, die zu einem solchen Campingplatz gehören. Viele empfinden es natürlich als Vorteil, ungestört ein Sonnenbad für nahtlose Bräune nehmen zu können – den ausreichenden Sonnenschutz nicht vergessen!

AUSFLUG

EXPERIMENTARIUM ZINGST

Neben dem üblichen Freizeitprogramm am Strand bietet sich für alle Altersklassen ein Besuch des Experimentariums an. Eine Familienkarte für zwei Erwachsene und zwei Kinder ist mit 16 Euro recht günstig und der großzügige Parkplatz (Womo-geeignet) kostenlos. Spielen, entdecken und lernen lautet das Motto. Das Angebot ist riesig und für Groß und Klein geeignet. Alles ist zum Anfassen und Ausprobieren. Toll sind auch die Workshops mit einer Dauer zwischen drei und fünf Stunden, an denen Kinder und Jugendliche auch ohne Begleitung teilnehmen können. Dann heißt es etwa, zu bauen und zu konstruieren, was das Zeug hält, Collagen aus Strandfunden anzufertigen oder zu feilen und zu sägen, bis ein Schiffsmodell entstanden ist. Ergänzt wird das vielfältige Indoor-Programm durch ein großes Freigelände mit weiteren Betätigungsmöglichkeiten. Wer genug hat vom Experimentieren, geht 100 Meter weiter über den Deich zum weißen Ostseestrand. Und wen nach so viel »Action« der Hunger plagt, dem bietet das Restaurant Leuchtturm frische Speisen zu zivilen Preisen in einer urigen Umgebung.

Wohnwagen werden mit Traktoren direkt in die Sanddünen gebracht, die Zufahrt für Pkws ist verboten.

Die Darbietungen für Kinder und Jugendliche ist riesig: Betreuungsprogramme für die Kleinsten, Disco für die Größeren, Surfkurse, Kanufahrten oder Kinoabende, hier fehlt es an nichts. Die rund 200 Stellplätze für die Wohnmobile sind nicht parzelliert, sondern einfach in verschiedene Abschnitte eingeteilt. Alles in allem waren wir sehr überrascht über das gute Angebot und verbrachten hier trotz anfänglicher Skepsis eine ruhige Nacht. Und am Morgen funkelte die aufgehende Sonne über den sanften Wellen und verzauberte uns.

ZINGST

Nur 13 Kilometer weiter erreichen wir den **Ort Zingst**, also einen der Namensgeber des Fischland-Darß-Zingst. Die **Halbinsel Zingst** liegt am östlichen Ende der Ostsee. Sie gehört zum Landkreis Vorpommern-Rügen, Landesteil Vorpommern. Die amtsfreie Gemeinde umfasst fast die gesamte Halbinsel

Immer interessant – das Experimentarium in Zingst

30 Kilometer Radweg auf dem Fischland

sowie die ihr südlich vorgelagerten Inseln Kirr und Barther Oie. Die Gemeinde ist seit 2002 ein staatlich anerkanntes Seeheilbad und hat rund 3000 Einwohner.

Am Wohnmobilstellplatz Deichgraf

Laut statistischem Bundesamt gab es im Jahr 2010 mehr als 500 000 Übernachtungen von 142 000 Besuchern. Diese Zahlen unterstreichen eindrucksvoll die Beliebtheit der Küsten Meckpomms. Die kleine Insel Bock im Osten erstreckt sich fast bis Hiddensee. Vom Zingster Hafen laufen täglich Passagierschiffe zu Rundfahrten und Kurztrips aus. Eine Fährverbindung gibt es nicht. Besonders schön sind die Wege rund um den Hafen. Hier findet man viel Abwechslung mit Strandgängen zur Seebrücke, Bootstouren und natürlich hafentypische Gastronomie bis hin zum Imbiss auf dem Fischkutter »Futter Kutter«.

Vor dem **Campingplatz Freesenbruch** (ca. 1,5 Kilometer zum Hafen) befindet sich ein Wohnmobilhafen, den man praktischerweise rund um die Uhr anfahren kann. Der Preisunterschied zum Campingplatz ist nicht allzu groß, da man die Einrichtungen nutzen kann. Sehr empfehlenswert ist das Restaurant Deichgraf direkt vor Ort. Ausgewählte Fischgerichte und Fleischspeisen lassen kaum Wünsche offen, auch Vegetarier und Burgerfans kommen auf ihre Kosten.

VINETASTADT BARTH

Wir verlassen das Fischland-Darß-Zingst, queren südlich die Doppelbrücke über den Bodstedter Bodden und kommen, der L 21 folgend, zwangsläufig an **Barth** vorbei. Die Stadt liegt im Landkreis Vorpommern-Rügen und hat ca. 8900 Einwohner. So weit, so gut,

Markplatz in Barth mit Kirche im Hintergrund

denkt man sich und ist eventuell schon auf der Umgehungsstraße vorbeigefahren. Bis zu dem Moment, als mich der Navigator in Person der besten Ehefrau von allen (unvergessen: Ephraim Kishon) fragt, ob ich wüsste, was eine Vinetastadt sei? Aus Unwissenheit darüber beschließen wir, eine Recherche vor Ort zu starten.

Auf dem Weg zur Altstadt durchfahren wir das zum ehemaligen Schutzwall gehörende Dammtor aus dem 14. Jahrhundert und finden sogleich eine Parkmöglichkeit. Der erste Eindruck nach dem Aussteigen: Ruhe und Gemütlichkeit, auch wenn unser Gefährt beim Passieren des Tores einige Blicke auf sich zog. Das sonnige Wetter und der blaue Himmel verstärken das positive Erscheinungsbild der schönen Innenstadt. Kurze Zeit später stehen wir vor dem **Vineta-Museum** – Volltreffer für unsere Erkundigungen.

Als eine der Städte im Ostseeraum, die für sich in Anspruch nehmen, mit dem sagenhaften Vineta, jener untergegangenen Stadt, in Verbindung zu stehen, bezeichnet sich Barth ebenfalls als Vinetastadt. Diese Bezeichnung wurde allerdings eher zu Werbezwecken eingeführt, wissenschaftlich bewiesen ist eine Verbindung nicht.

Die Geschichte von Vineta ist eigentlich nichts Besonderes – sie kommt in dieser oder abgewandelter Form in so ziemlich jeder Sprache und Kultur vor und auch auf den deutschen Sprachraum bezogen gibt es Dutzende von regionalen Varianten: Die einst reiche Stadt versank im Meer, weil ihre Bewohner überheblich und »gotteslästerlich« wurden – ein Motiv, das wir auch von Atlantis her kennen.

Ein reines Märchen ist die Vineta-Sage aber wahrscheinlich nicht: Es deutet vieles darauf hin, dass in der Gegend ein bedeutender Handelsplatz der westslawischen Wenden bestanden hat. Anders ausgedrückt: Es ist völlig unwahrscheinlich, dass an einer so begünstigten Stelle, dieser Standortfaktor gilt übrigens für Barth, Wollin und Usedom gleichermaßen, kein Handelsplatz gewesen sein soll. Aber ist es überhaupt von entscheidender Bedeutung, ob es diese Stadt Vineta jemals gegeben hat?

Handelsstädte hat es an der pommerschen Ostseeküste zweifelsfrei gegeben, mit

Sehenswert, das Vineta-Museum in Barth

Barhöft
Stellplatz Hafen National Boddenlandschaft
31 km L105
Stralsund
Weltkulturerbe Altstadt
B105
20 km B96
Putgarten
Kap Arkona Stellplatz Restaurant Utspann
B96
60 km L96
Sassnitz

Sicherheit in Wollin/Wolin, wo Zehntausende von Überresten einer früheren Handelsstadt gefunden worden sind. Ob diese Stadt Vineta hieß, ob es Vineta überhaupt gegeben hat oder ob es nicht, ähnlich wie Platons Atlantis, nur die Beschreibung einer Art Musterstadt war, das spielt eigentlich nicht wirklich eine Rolle. Für viele geht es um nichts anderes als um den Mythos Vineta. Letztlich soll nur dieser erhalten bleiben. Die Lage Vinetas in Barth zu vermuten, ist eine Hypothese der Berliner Historiker Goldmann und Wermusch.

Im Vineta-Museum gab es außerdem die interessante Geschichte des Peter Kraeft, dem »Meeresbodenwanderer«, der in seiner altertümlich anmutenden Tauchausrüstung über den Meeresboden wandert. Bleibt nach dieser Exkursion zu erwähnen, dass es noch einen schönen Seglerhafen mit Ausrichtung zum Barther Bodden gibt. Wir aber möchten uns jetzt unserem eigentlich geplanten Übernachtungsziel näher bringen.

BARHÖFT-OSTSPITZE MIT BLICK NACH RÜGEN

Für Ihr Navigationsgerät wird dies nicht die direkte Route sein, trotzdem möchten wir Sie bitten, Barth mit uns zunächst südlich zu verlassen und nach ca. vier Kilometern links ab bis Kenz zu fahren, dann weiter über Rubitz und Flemendorf, bevor wir wieder auf der eigentlichen Strecke sind.

Dieser kleine Schwenk zeigt Ihnen auf wenigen Kilometern, was den besonderen Reiz einer Fahrt durch Mecklenburg ausmachen kann. Alte Alleen, Felder im vollen Ährenstand, gespickt mit Kornblumen, Orte, die man eher als Häuseransammlung bezeichnen kann. Menschen, die ihrer Feld- oder Gartenarbeit nachgehen. Und zwischendurch die Ruinen einer alten landwirtschaftlichen Produktionsgenossenschaft oder ein Parkplatz an einer Beobachtungsstation für die herbstlichen Kranichzüge, der in dieser Stille fast zum Übernachten einlädt. Diese Eindrücke begleiten uns bis an unser Ziel am Barhöft. Der kleine Hafen liegt im Nationalpark Vorpommersche Boddenlandschaft, in der beschaulichen ehemaligen Lotsensiedlung **Barhöft**. Durch die besondere Lage ist der Hafen Drehscheibe zwischen Ostsee, Boddengewässer und Land, wodurch vielfältige Freizeitaktivitäten möglich sind. Fernab von den großen Touristenströmen ist die Ruhe, die man hier vorfindet, einzigartig.

Seit 2015 gibt es einen sehr schön angelegten Wohnmobilstellplatz für 24 Fahrzeuge. Zwar hat er keinen Hafenblick, liegt dafür windgeschützt, da an drei Seiten von Wald umgeben. Die Anmeldung erfolgt beim Hafenmeister und im Preis sind Strom, Ver- und Entsorgung sowie die Nutzung der Sanitäranlagen beinhaltet.

Je nach Jahreszeit ergeben sich vielfältige Nutzungsmöglichkeiten des Hafens. So begegnet man im Frühjahr den Fischern und Anglern. Im Sommer treffen sich die Wasserwanderer aus ganz Europa. Ausflüge mit Fahrgastschiffen sind ebenso möglich. Sehr schön ist der kleine Strand, den viele Familien gern besuchen. Und für mitreisende Hunde ist der nahe Auslauf ins Grüne eine willkommene Bereicherung. Im Herbst kommen dann die Fischkutter aus vielen Häfen Mecklenburg-Vorpommerns sowie Kranichtouristen aus allen Teilen Deutschlands. Nur im Winter tritt Ruhe ein, lediglich hartgesottene Angler beleben dann noch den Hafen.

Natur pur – Kornblumen in voller Blüte

Ein Besuch Barhöfts mit Aussichtsturm und Nationalparkausstellung lohnt sich immer. Von hier blickt man auf die kleine Insel Bock mit ihrem Leuchtfeuer oder auch bis zur Insel Rügen. Besonders schön sind die weit ins Schilf vorgelagerten Aussichtsbänke, von denen aus man die Seevögel beobachten kann und bei Sonnenuntergang ein wenig ins Träumen kommt.

Für den kulinarischen Genuss bietet sich die Terrasse des Hotels Seeblick an. In der Saison gibt es zusätzlich einen Imbissstand, der auch für die frischen Brötchen am Morgen sorgt. Und für alle anderen (Not-)Fälle gibt es noch den besonderen Hol- und Bring-Service des Restaurants Kranich in Klausdorf, einfach die 038323/266 80 wählen!

Über die L 213 sind es nur 20 Kilometer bis Stralsund und zur Überfahrt auf die Insel Rügen.

HANSESTADT STRALSUND

Gemeinsam mit Wismar wurde Stralsund 2002 in die Welterbeliste der UNESCO aufgenommen. Ihre glanzvollste Vergangenheit

Ausfahrt Barhöfter Hafen

Wunderschön angelegt und stadtnah, Stellplatz Dahnke in Stralsund

hatte die Stadt in der Hansezeit, als sie nach Lübeck die mächtigste Hansestadt im Ostseeraum war. Heute leben hier rund 60 000 Menschen, somit ist Stralsund die größte Stadt Vorpommerns. Man kann die Stadtgeschichte natürlich im frühen 13. Jahrhundert mit der Besiedelung eines Inselhügels beginnen und entsprechend fortsetzen. Eine der prägendsten Epochen aber war sicherlich der Dreißigjährige Krieg mit der Belagerung und Niederlage Wallensteins. Darum nachfolgend ein kurzer Ausschnitt dieser geschichtsträchtigen Jahre, auf die der Stralsunder bis heute stolz ist.

DIE NIEDERLAGE WALLENSTEINS

Im Jahre 1628 wurde die Hansestadt Stralsund in die Reichspolitik hineingezogen, nämlich als der Dreißigjährige Krieg gefährlich nahe an die Ostseeküste rückte. Der dänische König Christian IV. musste sich 1625, von den kaiserlichen Truppen geschlagen, aus Norddeutschland zurückziehen. Der Oberbefehlshaber der kaiserlichen Armee und Herzog von Friedland, Albrecht von Wallenstein, wurde 1627 zum Herzog von Mecklenburg ernannt. Er ließ ganz Mecklenburg besetzen und marschierte bald in Pommern ein. Die wichtigen Häfen sollten zu Stützpunkten des Kaisers an der Ostseeküste werden. Auch Stralsund sollte die Stärke der kaiserlichen Armee bald zu spüren bekommen. Deshalb ließ der Stralsunder Rat 1627 die Teiche tiefer graben und den Erdwall an der Stadtmauer verstärken. Mit der Franzburger Kapitulation vom 10. November 1627 hatte sich der Pommersche Herzog Bogislaw XIV. geschlagen gegeben und genehmigte dem kaiserlichen Oberst Hans Georg von Arnim, Regimenter in Pommern und auf Rügen zu stationieren. Rügen, Barth und Greifswald wurden bald ohne Widerstand der Bevölkerung besetzt.

Anders sah es in Stralsund aus. Am 5. April 1628 hatten Stralsunder Seeleute und Fischer die kaiserliche Besetzung des Dänholms verhindert und die Soldaten zur Kapitulation gezwungen. Danach wurde die Stadt belagert. Wallenstein persönlich leitete vom 26. Juni bis 15. Juli die Belagerungskämpfe. 150 000 Reichstaler sollte der Stralsunder Rat an Wallenstein zahlen, um sich davon freizukaufen, kaiserliche Truppen aufzunehmen. Doch nicht nur die Stralsunder Bürger, sondern auch der Rat konnte widerstandswillige Leute aufweisen. An der Spitze dieser Gruppe stand der Bürgermeister Lambert Steinwich. Er hatte geheime Verbindungen zu den nordeuropäischen Mächten aufgenommen und bat diese um Unterstützung. Mit dänischer und schwedischer Waffenhilfe konnte die Stadt verteidigt werden und Wallenstein erlitt eine Niederlage. Am 23. Juni 1628 schloss der Stralsunder Rat einen Allianz-Vertrag mit dem Schwedenkönig Gustav Adolf, der nicht nur ein 20-jähriges Schutzbündnis brachte, sondern auch die Schweden als Besatzungsmacht.

Im Juli eines jeden Jahres hallen heute daher an einem Wochenende Kanonenschüsse durch die Altstadt von Stralsund und Schwaden von Pulverdampf ziehen durch die Straßen. Stralsund feiert dann mit den **Wallensteintagen** den erfolgreichen Widerstand gegen die Belagerung der kaiserlichen Truppen.

Das moderne und sanierte Stralsund präsentiert sich als quirlige »Metropole« des Ostseeraumes. Die Altstadtfläche ist sehr kompakt und wartet darauf, bequem zu Fuß erobert zu werden. Als Standort für Ihre Besichtigung empfehlen wir den **Wohnmobilstellplatz am Rügendamm**. In nur 15 Minuten erreichen Sie fußläufig die Altstadt sowie den Hafen. Familie Dahnke bietet hier alle Einrichtungen, die man von einem Stellplatz heute erwartet, und natürlich den beliebten Brötchen-Service. Weiterhin können Sie hier einen Werkstatt-Service nutzen oder auch Zubehör erwerben und montieren lassen, während Sie unterwegs sind. Wer länger unterwegs ist, hat hier sogar die Gelegenheit, einen »Waschtag« einzulegen.

Haus »Vergissmeinnicht« im Seebad Sellin

ÜBER DEN RÜGENDAMM NACH RÜGEN

Vom Stellplatz sind es zwei Minuten auf den Rügendamm, der den Strelasund überquert, und nur wenige Augenblicke später setzen wir nach zwei Kilometern zur Landung auf Deutschlands größter Insel an – **Rügen**. Ihre

SPECIAL

GÄSTEFÜHRUNGEN

Sie wollen mehr erfahren über die Welterbe- und Hansestadt Stralsund? Über die wunderbaren Inseln Rügen, Usedom oder die Halbinsel Fischland-Darß-Zingst, über Vorpommern mit seiner einzigartigen Boddenlandschaft und ihren Vögeln des Glücks – den Kranichen, oder auch über die zahlreichen Gutshäuser und Schlösser? Seit 2007 gibt es den »Stralsunder Gästeführerverein 07«, dessen Mitglieder es sich zur Aufgabe gemacht haben, den Besuchern ihre Heimat auf eine besonders individuelle Weise näherzubringen. Ob eine Führung im historischen Gewand, kulinarischer Art durch verschiedene Gasthäuser, ein Rundgang durch den Hafen oder mit dem Nachtwächter durch alte Gassen, eine Besichtigung bedeutender Gebäude der Backsteingotik oder ein Streifzug mit Kindern durch das Ozeaneum: vieles ist möglich. Und das Schöne dabei ist, dass hier nicht der kommerzielle Gewinn im Vordergrund steht, sondern das Hobby Einzelner. Alle haben eine Ausbildung zum Städteführer. Info: Roland Zenke, Seestr. 3, 18439 Stralsund, Tel. 03831/38 49 87, www.gaestefuehrer-stralsund.de

Das Bild spricht für sich!

längste Nord-Süd-Ausdehnung beträgt 52 Kilometer und im Süden beläuft sich die maximale Breite auf 41 Kilometer, sodass sich eine Fläche von 926 Quadratkilometern errechnet. Die Küste ist durch zahlreiche Meeresbuchten und Lagunen sowie vorspringende Halbinseln und Landzungen stark zergliedert. Im Juni 2011 verlieh die UNESCO dem für seinen gewaltigen Buchenbestand und die Kreidefelsen bekannten **Nationalpark Jasmund** auf Rügen den Status des Weltnaturerbes.

Die Insel Rügen gehört dem Landkreis Vorpommern-Rügen an. Auf ihr liegen die Städte Bergen, Sassnitz, Putbus und Garz sowie die Ostseebäder Binz, Sellin, Göhren, Baabe, Thiessow und Breege. Rügen ist wegen seiner vielfältigen Landschaft, der Reet- und Bäderarchitektur sowie der langen, feinsandigen Badestrände ein beliebtes Urlaubsziel.

Wir setzen den Weg fort, verlassen die B96 bei Samtens und folgen der L30 Richtung Gingst, dann weiter nach Trent, wo wir einen unvergesslichen Tagesausflug starten.

MIT FAHRRAD UND SCHIFF AM WIEKER BODDEN

Der ebene, leicht zu befahrende Radweg beginnt in **Trent** und endet in **Wiek**. Die gesamte Strecke beträgt zwölf Kilometer, wobei sieben Kilometer lang ein Uferweg direkt am Wieker Bodden entlangführt. Wir parken und beginnen die Tour vom unübersehbaren roten Biergartenhaus aus. Nach etwas mehr als drei Kilometern erreichen wir auch schon die Wittower Fähre, sie zu benutzen ist auch ein großer Spaß für Kinder. Die erste Fährabfahrt von der Nordseite erfolgt um 5.50 Uhr, die letzte Abfahrt auf der Südseite um 21 Uhr. Die Preise für die Überfahrt sind moderat: eine Person mit Fahrrad zahlt 2,40 Euro, Kinder bis 14 Jahre die Hälfte.

Danach folgen wir am Ufer einem gerade verlaufenden Radweg, bis wir durch ein kleines Wäldchen kommen, um dann wieder ans Ufer zurückzukehren. Hier erfreuen wir uns an der Natur des Wieker Boddens (Bodden nennt man in der Region die flachen, inneren Küstengewässer). Später verschlechtert sich der Straßenbelag etwas, bis wir ein Gehöft durchquert haben und später im Örtchen Zürkvitz auf die andere Straßenseite wechseln. Nachdem wir an der Klinik vorbeigeradelt sind, müssen wir später noch einmal eine Straße (Wiek-Glewitzer Fähre) überqueren. Schließlich erreichen wir den **Segler- und Fischerhafen von Wiek**. Im Hafen von Wiek können wir einen leckeren Imbiss zu uns nehmen oder die spätgotische St.-Georg-Kirche aus dem Jahr 1400 besichtigen. Nach verdienter Rast steigen wir um zum Fahrgastschiff nach Vitte zur Insel Hiddensee und genießen drei schöne Stunden auf dem Eiland.

INSEL HIDDENSEE

Die letzte autofreie Insel des Ostseeraumes wird nicht umsonst »Perle der Ostsee« genannt. **Vitte** wurde erstmals 1513 urkundlich erwähnt, ist der Hauptort und zugleich der größte und zentrale Ort der Insel. Der Name

Der Inselhof in Putgarten

ist eine Ableitung von »vit«; womit man früher Fischverkaufsstellen bezeichnete. In Vitte steht das Rathaus mit der Gemeindeverwaltung. Außerdem ist hier der Fähranleger für die Lastenfähre, mit der die Fahrzeuge für die Ver- und Entsorgung von Schaprode auf der Insel Rügen aus übersetzen. Der Güterverkehr wird auf Anhänger, die von Elektroschleppern gezogen werden, umgeschlagen und auf der Insel an die Lebensmittelmärkte und Gaststätten verteilt. Teilweise werden kleinere Güter noch mit Pferdefuhrwerken ausgeliefert.

Die Heidelandschaft auf Hiddensee, zwischen Vitte und Neuendorf gelegen, zählt ebenso zu Vitte. Darüber hinaus befinden sich in Vitte das (wohl letzte) Zeltkino, die Seebühne Hiddensee (Figurentheater) und eine Holländerwindmühle. Hiddensee, der

Insel Rügen westlich vorgelagert, ist innerhalb des Nationalparks Vorpommersche Boddenlandschaft die größte Insel. Sie ist etwa 16,8 Kilometer lang, an der schmalsten Stelle etwa 250 Meter und an der breitesten etwa 3,7 Kilometer breit. Die Insel unterteilt sich in einen hügeligen, über 70 Meter hohen Nordteil, eine Dünen- und Heidelandschaft im zentralen Abschnitt (Dünenheide) und in einen flachen, nur wenige Meter hohen Südteil. Im Nordosten befinden sich die beiden drei Kilometer langen Sandhaken.

Begrenzt wird die Insel durch Schaproder Bodden und Vitter Bodden im Osten, durch den Gellenstrom (die Fahrrinne nach Stralsund) im Süden und durch die offene Ostsee nach Westen und Norden. Auf Hiddensee herrscht makroklimatisch Ostseeküstenklima mit häufigem Wechsel zwischen maritimen und kontinentalen Einflüssen. Charakteristisch sind dabei häufige, lebhafte und wechselnde Winde und eine lange Sonnenscheindauer. Diese beträgt im Durchschnitt 1850 Stunden pro Jahr. Damit nimmt Hiddensee eine Spitzenstellung in Deutschland ein. Eine Besonderheit ist bei schwachen, ablandigen Windverhältnissen die sogenannte transperiodische Windzirkulation, die durch die unterschiedlichen Temperaturen über dem Meer und dem Land entsteht. Dabei setzt ein Seewind am späten Vormittag ein, der am Nachmittag oder Abend wieder nachlässt.

Der **Ortsteil Kloster** hat seinen Namen vom ehemaligen Kloster der Zisterzienser, das von 1296 bis 1536 in der Nähe des heutigen Hafens von Kloster lag. Es wurde im Zuge der Reformation aufgelöst. Heute gilt Kloster mit dem Gerhart-Hauptmann-Haus, der Inselkirche und dem Inselfriedhof mit der Grabstätte von Gerhart Hauptmann als das kulturelle Zentrum von Hiddensee. In Kloster befinden sich die Biologische Station und die Vogelwarte als Außenstellen der Ernst-Moritz-Arndt-Universität Greifswald, welche beide aus der 1930 entstandenen »Biologischen Forschungsanstalt Hiddensee« hervorgegangen sind. Wegen der günstigen Lage der Insel weitab vom Festland besteht im Dornbuschwald eine Bienenbelegstelle.

Gegen 19 Uhr sind wir zurück in Trent und haben, der L 30 und L 96 folgend, noch einige Kilometer Fahrt vor uns. Da das **Kap Arkona** in einer Sackgasse mündet, braucht man für das letzte Stück, abbiegend von der L 96, nur den Schildern zu folgen. Wer sich den Luxus leisten kann bzw. seine Zeiteinteilung so gestaltet, dass er unter der Woche hier ankommt, sollte diese Möglichkeit wahrnehmen. Denn am Wochenende kann es mit der großen Anzahl an Tagestouristen ungemütlich voll werden, wodurch der Charme der nördlichsten Spitze der Insel schnell abhandenkommen kann.

Da der große Parkplatz, ohne jegliche Versorgung, vor dem kleinen Ort Putgarten gegen eine Gebühr von fünf Euro zur Übernachtung genutzt werden kann, haben wir uns für eine Ankunft am späten Sonntagnachmittag entschieden. Es kehrt jetzt eine wohltuende Ruhe ein, die dem kleinen, von Feldern, Wiesen und unberührter Natur um-

Unten links: die Doppeltürme am Kap Arkona

Unten rechts: Blick am Kreidefelsen auf die blaue See

gebenen romantischen Ort vollends gerecht wird. Die Einwohner geben sich viel Mühe mit ihren liebevoll gestalteten Gärten und Höfen. Das **Gasthaus Utspann** füllt sich gen Abend sogar überwiegend mit Einheimischen, mit denen man schnell ins Gespräch kommt. Sie selbst bedauern es, dass die Spitze der Insel auf einen »Zwei-Stunden-Tourismus« reduziert wird, allerdings gibt es hier auch nur wenige Ferienwohnungen. Wir jedenfalls haben den Ausklang des Tages sehr genossen, ebenso die regionale Küche mit einer schmackhaften Fischsuppe und dem dazugehörigen Schnaps.

Eine Handvoll Wohnmobile verbrachte mit uns gemeinsam eine angenehme Nacht und wir starten ausgeruht am nächsten Morgen unseren Fußweg zum Kap. Dazu gehen wir vom Parkplatz am linken Ortsrand entlang, bis nach etwa einem Kilometer links ein Wegweiser zu den »Türmen« führt. Da es in der Nacht geregnet hatte, steigt in der Morgensonne ein leichter Wasserdampf von der Wiese, die sich Pferde, Schafe und Ziegen teilen, auf. Nach einer sanften Anhöhe erkennen wir die Türme der neuen und alten Leuchtfeuer. Die schroffen Kreidefelsen begleiten uns am linken Rand des Pfades, der auf den großen Vorplatz der Anlage führt. Wie so viele Gelände an der Küste, wurde auch dieses jahrzehntelang zu militärischen Zwecken genutzt, was in einigen Teilen zu besichtigen ist.

Zentrum der Anlage sind heute die beiden **Leuchttürme**. Wegen der gefährlichen Untiefen am Kap Arkona wurde hier, an der Stelle einer alten Leuchtbarke, im Jahr 1826/27 nach den Plänen von Karl Friedrich Schinkel ein stationärer Turm aus Backstein errichtet. Der Turm selbst ist nur knapp 23 Meter hoch, aber gesamt 66 Meter über Meereshöhe und sein Leuchtfeuer war somit acht Seemeilen weit sichtbar. Als sich die Seefahrt weiterentwickelte, die Schiffe größer und schneller wurden, bestand die Notwendigkeit, einen höheren Turm zu errichten. Den setzte man kurzerhand daneben. Mittels moderner Leuchtmittel und einer Höhe von 35 Metern konnte er mit 24 Seemeilen dreimal so weit auf die See leuchten. Er wurde 1905 in Betrieb genommen und fortan diente der alte Schinkelturm nur noch als Dienstgebäude für die Angestellten. Beide Türme können besichtigt werden und die Aussichtplattform auf 28 Meter Höhe bietet eine sensationelle Weitsicht über die Ostsee sowie die Landschaft im Hinterland.

Der Marinepeilturm an der Jaromarsburg

MARINEPEILTURM UND JAROMARSBURG

Etwas abseits von dem alten und dem neuen Leuchtturm steht der ehemalige Marinepeilturm. Er wurde 1927 gebaut und diente der Reichsmarine als Seefunkfeuer zur Kontrolle des Ostseeraums. Die Abstrahlung gerichteter Funkwellen sollte die Navigation, insbesondere der Eisenbahn-Fährlinie Sassnitz–Trelleborg, verbessern. 1945 wurde die technische Einrichtung zerstört. Als Denkmal 1996 restauriert, bietet er heute Künstlern ein Atelier in luftiger Höhe. Im Peilturm können Sie die aufsehenerregenden Schätze aus dem Inneren der Wallanlage betrachten, die bei

Immer aufgepasst an den Alleen

den Rettungsgrabungen gefunden wurden. Wechselnde Ausstellungen verschiedener Künstler ergänzen das Angebot im Internationalen Ausstellungszentrum. Die Aussichtsplattform unterhalb der Glaskuppel bietet einen fantastischen Blick auf den Küstenbereich.

Auf unserem Rundweg am Kap Arkona kommen wir auch bei der sogenannten **Jaromarsburg** vorbei. Ausführliche Forschungen ergaben, dass diese einst mächtige Anlage zwischen dem 6. und dem 8. Jahrhundert von den Ranen, einem westslawischen Volk, erbaut wurde. Sie diente vor allem als eine Art Tempel, mit dem der viergesichtige Gott Svantevit geehrt wurde. Von drei Seiten war die burgähnliche Tempelanlage durch die Steilküste geschützt, von der Landesseite her sicherten zwei hintereinanderliegende Wälle den Zugang. In dem Fischerdörfchen Vitt wird der zugehörige Hafen vermutet, am Fuße der Burg befand sich das Marktzentrum. Als der dänische König Waldemar I. die Slawen im Jahr 1168 besiegte, wurde Jaromarsburg zerstört, die Einwohner christianisiert und über den einstigen Kultstätten der Ranen wurden Kapellen errichtet. Aufgrund der immerwährenden Küstenabbrüche ist heute nur mehr ein Bruchteil der alten Wallanlagen erhalten. Man schätzt, dass sie einst dreimal so groß waren. Ihre Reste lassen sich aber auch heute noch gut erkennen.

Wer möchte, kann für den Rückweg zum Parkplatz die touristische Bimmelbahn nutzen oder wie wir den Rundweg fortsetzen, den 1,2 Kilometer langen Hochuferweg entlang zum Fischerdorf Vitt nehmen und dann von der anderen Seite wieder nach Putgarten zurückkehren.

Von Putgarten aus geht es vor Altenkirchen links auf die L 96 zurück. Bevor wir auf die teilweise nur 800 Meter schmale und acht Kilometer lange Landenge »Schaabe« fahren – sie verbindet die Kapregion mit der Halbinsel Jasmund –, machen wir einen Stopp am Knaus Campingpark Juliusruh. Er wäre die einzige Alternative für eine Übernachtung vor dem Kap Arkona. Die einspurige Zufahrt erfordert etwas Geduld, da sie gleichzeitig der Fahrradweg ist – es ist ja Urlaub. Der Platz liegt an einem Hochplateau zehn Meter über der Ostsee. Er hat einen Wohnmobilstellplatz sowohl vor der Schranke, der für eine Nacht bei Spätanreise nutzbar ist, sowie einen reservierten Wohnmobilteil im rechten Areal des Campinggeländes. Die Preise sind je nach Saison sehr gesalzen, dafür werden alle Einrichtungen einer modernen Campinganlage geboten. Gegen Gebühr kann man auch nur ver- und entsorgen (inklusive Che-

Der Strand von Juliusruh am Stellplatz

mietoilettenreinigungsautomat), bevor man zum Kap weiterfährt.

NATIONALPARK JASMUND UND SASSNITZ HAFEN

Wir fahren weiter auf die **Halbinsel Jasmund** mit dem gleichnamigen Nationalpark. Riesige Buchenwälder und der **Königsstuhl** mit den höchsten Kreidefelsen der Insel prägen die Natur. Der Königsstuhl ist leider nur vom entfernten Parkplatz entweder zu Fuß (2 km) oder mit Bussen erreichbar. Mehr als 1,7 Millionen Besucher pilgern jährlich auf den Spuren des romantischen Malers Caspar David Friedrich, der diese großartige Landschaft auf zahlreichen Gemälden festhielt. Grandiose Blicke erhascht man jedoch nur von der gebührenpflichtigen Plattform. Durch die schweren Stürme der letzten zwei Jahre und die vielen großen Abbrüche sind viele Steiluferwege zurzeit gesperrt und müssen zum Teil wieder neu angelegt werden. Vorsicht bei Alleingängen, diese haben schon einige Spaziergänger leider mit dem Leben bezahlt!

Viel schöner ist es, ein wenig weiter zu fahren und vor Sassnitz links die Schleife durch den Wald zu fahren. Am zweiten Wald-

SPECIAL

BADETAG AM OSTSEESTRAND

Die Landenge Schaabe ist mit dichten Wäldern aus Krüppelkiefern bewachsen, durch die man bei der Querung nahezu nichts von der nahen Ostsee erkennen kann. Für Tagesbadegäste stehen zahlreiche kostenlose Parkplätze zur Verfügung, die sehr gut auch von Wohnmobilen genutzt werden können. An heißen Tagen gibt es hier angenehme Beschattung durch die Bäume. Jetzt nur noch wenige Meter über den weichen Waldboden, dann ist der Blick frei auf den zehn Kilometer langen Badestrand. Ein wahres Badeparadies: Jeder, der möchte, kann ein ungestörtes Plätzchen finden, und besonders für Kinder ist der flach abfallende Wasserstand sehr schön zum Spielen und Toben. Selbst die Kreidefelsen sind zum Greifen nah und mit etwas Glück sieht man Seehunde vor der Küste entlangschwimmen! Für ein wenig Schatten am Strand ist ein Sonnenschirm empfehlenswert. Übrigens gibt es hier keinerlei Infrastruktur, weder Strandbuden noch Duschen oder Toiletten. Da ist es gut, das Wohnmobil in der Nähe zu wissen.
Info: Ostseestrand Tromper Wiek,
GPS-Daten: N 54°35'35.79" / E 13°23'36.56"

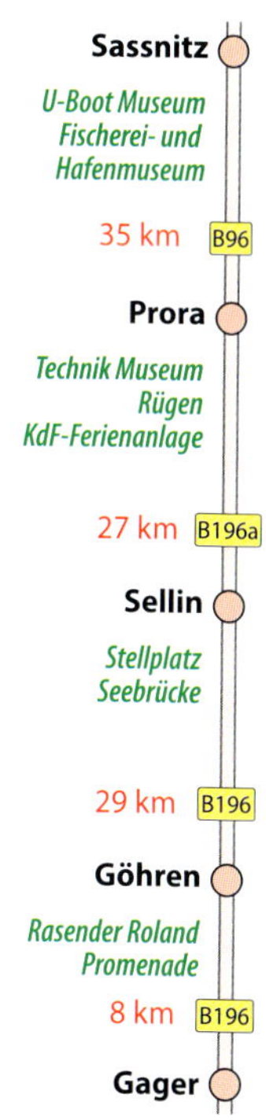

Fischerei- und Hafenmuseum in Sassnitz

parkplatz auf der rechten Seite überqueren Sie die Straße und folgen dem Weg durch den Wald, bis Sie an den Hochuferweg kommen und diesem folgen. Als Erstes sieht man dann die bizarren Zacken der **Wissower Klinken.** Insgesamt drei Kilometer haben Sie zu absolvieren, ehe die Kreidefelsen der kleinen Stubbenkammer zu sehen sind. Wer die Kreidefelsen vom Strand in Augenschein nehmen möchte, sollte trittfest sein, per Leiter geht der Abstieg über die letzten Klippen!

Der **Sassnitzer Hafen** ist auf dem Rückweg zum Waldparkplatz noch nicht zu sehen, aber nur einige Kilometer entfernt. Wer noch nicht genug Auslauf hatte, kann z. B. dem Steiluferweg bis in den Hafen folgen, während der andere Mitreisende das Wohnmobil schon mal dort parkt. Die Parkfläche dort ist für Reisebusse und Wohnmobile reserviert.

Der Stadthafen in seiner heutigen Vielfalt bildete sich aus einem reinen Fischereihafen, einem Fährhafen sowie einem lange Zeit militärisch genutzten Bereich heraus. Die militärische Nutzung findet heute nicht mehr statt. Der Fährbetrieb wurde 1998 in den Fährhafen Sassnitz-Mukran verlagert. Der Stadthafen bietet in seiner bestehenden Vielfalt Fischern, Behörden, Reedereien, privaten Nutzern und vielen anderen einen sicheren Anlaufpunkt. Museums-, Imbiss- und Gaststättenschiffe fanden hier einen festen Liegeplatz. Einige Künstler haben hier ihre Ateliers oder aber auch Verkaufsausstellungen. Zum Essen und Einkauf empfehlen wir die Fischmanufaktur. Fisch in allen Variationen zum Selbstzubereiten, Backfischbrötchen zum sofortigen Verzehr oder der Mittagstisch im Restaurant, da ist für jeden das Richtige dabei. Sehenswert ist auch das **Fischerei- und Hafenmuseum**, besonders an einem bedeckten Tag, wie wir ihn heute hatten.

ÜBER DIE SCHMALE HEIDE BIS GÖHREN

In Sassnitz-Neu Mukran sehen wir die Hinweisschilder zum Fährhafen. Von hier aus erreicht man mit dem Wohnmobil ausgefallene Ziele wie St. Petersburg, Kaliningrad oder Klaipėda im Baltikum, aber auch Bornholm oder Trelleborg. Ein Stück weiter folgt die südliche Landenge von Jasmund, deren Name ihre Beschaffenheit schon signalisiert: »Schmale Heide«. An ihrem Ende befindet sich das Seebad Binz. So weit, so gut, wir wären vorbei, wenn, ja wenn es nicht auf der Schmalen Heide einen besonders geschichtsträchtigen Ort gäbe, nämlich **Prora**. Der Bau der legendären Ferienanlage »Kraft durch Freude«, der 1936 durch die gleichnamige nationalsozialistische Organisation begonnen wurde, sollte auf vier Kilometer Länge als größte Ferienanlage der Welt entstehen! Teile der riesigen Gebäudeblöcke wurden dann für Ostseeferien verdienter DDR-Bürger genutzt, aber so richtig vollendet wurde die Anlage letztlich nie. So gibt es aktuell nur Teilnutzungen bzw. wurden kleine Teile schon abgerissen.

Seine Faszination hat dieser Teil Rügens allerdings bis heute nicht verloren. In einer der Hallen der zweiten Reihe entstand zum Beispiel das **Eisenbahn & Technik Museum Rügen**. Auf 10 000 Quadratmetern gibt es seltene Exponate zu bestaunen. Wenn man neben der 33 Meter langen und 250 Tonnen schweren russischen Schnellzug-Dampflok steht, versteht man schnell, warum sie die größte Europas ist. Schöne Pkw-Oldtimer, Traktoren, Motorräder und besondere Triebwagen aus der ganzen Welt bieten eine kurzweilige Zeit. Die Sammlung wird ständig erweitert. Besonders zu erwähnen sind der außerordentlich große Parkplatz, die familienfreundlichen Preise und das nette Personal, das so manche Anekdote über die Exponate zu erzählen weiß. Übrigens kann man von hier aus gut mit dem Fahrrad die KdF-Freizeitanlage sowie die Innenstadt von Binz erobern.

Wie gesagt, der Parkplatz ist sehr groß. Die zweite Standmöglichkeit für unser Mobil ist der ca. 1,5 Kilometer vor Prora befindliche Wohnmobilhafen. Er liegt auf der seeabgewandten Seite mitten im Wald. Über Geschmack lässt sich bekanntlich streiten und so kann jeder für sich entscheiden, was gefällt oder nicht.

Rügen ist die größte Insel Deutschlands und wir widmen uns jetzt dem südlichen Teil. Nach 26 Kilometern sind wir im **Seebad**

Treten Sie ein: das britische U-Boot »HMS Otus« von 1962

Die größte Damplok der Welt, live zu sehen im Technikmuseum Prora

Strandvergnügen in Göhren

Sellin und erkunden zunächst den Stellplatz am östlichen Ortsrand. Er liegt etwas abseits am Waldrand mit Blick nach nirgendwo. Der Platz ist voll erschlossen und verfügt über ein neu erbautes Sanitär- und Empfangsgebäude. Trotz Vorsaison ist auch der dieser Wohnmobilstellplatz nahezu belegt. Damit wir ein Gefühl für die Entfernung bekommen, gehen wir von hier zu Fuß Richtung Seebrücke.

Sehen und gesehen werden an der Promenade

Am kleinen Stadtpark vorbei, sind wir nach 2,5 Kilometern am Ziel und genießen den Blick von der Seebrücke auf die Ostsee.

Weißer Strand, blaues Meer und freie Strandkörbe wirken auf uns wie ein Bild aus einem Reiseprospekt. Seit mehr als zehn Jahren waren wir nicht mehr hier und erfreuen uns am Anblick der sanierten Villen, Cafés und Restaurants, der wiederbelebten Infrastruktur. Hier hören wir auch das erste Mal in der Ferne das Dampfen und Pfeifen des »Rasenden Roland«, dem dampfgetriebenen Wahrzeichen der Insel, davon gleich mehr.

Auf unserem Rückweg sehen wir wieder einen der Busse mit dem genialen »RADzfatz über die Insel«-Anhängersystem. Damit sind auch längere Fahrradtouren ohne das Wunderwerk Pedelec problemlos möglich. Denn der Bus nimmt Sie und Ihr Fahrrad mit zurück. Nähere Auskünfte erteilen alle Touristeninformationen gern.

Parallel zur Bahnstrecke fahren wir über Baabe zur 5-Sterne-Campinganlage kurz vor Göhren. In der Wartespur stehen bereits zwei andere Wohnmobile und ein Caravangespann. Hier ist alles durchorganisiert und aufgeräumt. Die Rezeption gleicht dem

Check-in einer modernen Ferienanlage, was es ja letztendlich auch ist. Auf einer Karte zeigt man uns freie Plätze, die wir selbstverständlich zunächst in Augenschein nehmen dürfen.

Wer einen perfekten Familienurlaub verbringen will, ist hier bestens aufgehoben. Selbst ein Kino gibt es. Besonders gut hat uns der kleine Marktplatz im Zentrum der Anlage gefallen. Hier finden sich ein Lebensmittelshop, ein Bäcker, eine Pizzeria, eine Cocktailbar und mehr. Zu besonderen Anlässen, wie zu wichtigen Fußballspielen, wird auch Public Viewing angeboten. Vom Campingplatz aus erreichen wir zu Fuß die Promenade und den Bahnhof.

DER »RASENDE ROLAND«

Der dampfende »Rasende Roland« ist eine der attraktivsten Möglichkeiten, die Insel Rügen zu entdecken. Nicht nur die Kinder haben Spaß an der schnaubenden, fauchenden Schmalspurbahn.

Fährt man die Strecke von Altefähr über Garz und Putbus, kommt man nach Göhren. Der **Bahnhof Göhren** ist Endstation für den Roland, das heißt, hier werden die Loks umgesetzt, also genug Zeit, um die rasende Lok genau zu betrachten und auch ein paar Worte mit dem Zugpersonal zu wechseln oder sich mit diesem fotografieren zu lassen. Das Bahnhofsgebäude von Göhren lädt mit einer großen Innen- und Außengastronomie zum Verweilen ein. Bei einem leckeren Essen kann man dem Umsetzen der Lok zusehen und fühlt sich in die alte Zeit versetzt, als die Dampflokomotiven noch das Kommando auf der Insel führten. Es ist fast ein bisschen so, wie im Kino zu sitzen. Die Rauchschwaden, das laute Pfeifen, wenn die Bahn in den Bahnhof ein- und ausfährt, das alles ist ein wahrhaft tolles Vergnügen für Groß und Klein.

Als Ende des 19. Jahrhunderts das Streckennetz der Deutschen Reichsbahn weitestgehend fertiggestellt war, waren abgelegene Landesteile wie Rügen nicht berücksichtigt worden. Mit einem Anschluss an die Bahngleise und dem damit möglichen schnellen Transport von Personen und Gütern erhofften sich die Gebiete aber eine positive wirtschaftliche Entwicklung. Man wollte auch auf

Erlebnis bei schönem Wetter – Open Air mit dem »Rasenden Roland«

Der Stellplatz von Sellin

der Insel nicht abgeschnitten vom übrigen Bahnverkehr sein.

Nachdem 1892 ein neues Gesetz in Kraft trat, welches das Bauen von preiswerteren Schmalspurbahnen erlaubte, wurde der Wunsch nach einer Eisenbahn verwirklicht: Im Juli 1895 eröffnete die Rügensche Kleinbahn-Aktiengesellschaft (RüKB) den ersten Gleisabschnitt von Putbus nach Binz. Das weitere Gleisnetz war recht schnell bis 1899 fertiggestellt. Von Putbus nach Göhren boomte der Personenverkehr, auf den anderen Streckenteilen war der Güterverkehr das Wichtigste.

1918 ist das Kleinbahnstreckennetz der Rügenschen Kleinbahnen AG auf fast 100 Kilometer Streckenlänge ausgebaut. Der erst 1918 eröffnete Streckenteil zur Marinefliegerstation auf dem Bug bei Dranske, welche rein militärisch genutzt wurde, war mit dem Ende des Ersten Weltkriegs schon wieder überflüssig und wurde 1926 letztlich aufgegeben. Der Streckenabschnitt Putbus–Göhren kristallisierte sich als die wirtschaftlichste Verbindung unter den Linien heraus. Die Firma Lenz & Co, die alle Strecken erbaute und bis 1910 auch betrieb, bemerkte schnell, dass diese Bäderstrecke zu knapp kalkuliert war, und begann mit der Erweiterung der Infrastruktur und Beschaffung neuer und größerer Züge.

Schon bald, mit Kriegsbeginn 1914, endete dieser Aufschwung jäh. Auch die Nachkriegszeit und die Inflationszeit machten dem Betrieb der Kleinbahn schwer zu schaffen. Das ging so weit, dass die Bahnbetreiber die Naturalwirtschaft einführen mussten. Notgeld wurde gegen entsprechende Mengen von Getreide, Kartoffeln, Eiern oder ganzen Hühnern ausgegeben und zur Währung erhoben. Diese Maßnahme und strikte Einsparungen retteten der Kleinbahn vorerst das Leben.

Die Sprengung des Rügendamms zu Kriegsende führte dann fast zur Einstellung des Betriebs. Als Glück im Unglück stellte sich nun die schlechte Erreichbarkeit der Insel heraus. Denn dies verhinderte die Demontage der Gleisanlagen als Reparationsleistung an die Sowjetunion. Nun wurde die Strecke ab 1949 von der Deutschen Reichsbahn betrieben. Als Mitte der 50er-Jahre der Massentourismus auf Rügen einsetzte, wurde die Bahn wider Erwarten zur wichtigsten Verkehrsanbindung der Seebäder Sellin, Baabe und Göhren.

Binz entwickelte sich in diesem Zeitraum zur »Frischluftoase« für die vielen Bergarbeiter aus dem sächsischen Uranbergbau. Zur Erholung genossen sie dort die Landschaft und den Seewind. Der Individualverkehr war in dieser Zeit zu vernachlässigen und für ihre schnelle Anbindung an die Ostseeinsel prägten die dankbaren Arbeiter in den 50er-Jahren den liebevollen Namen »Rasender Roland« – für die heutige Eisenbahn das Synonym schlechthin, weit über die Grenzen Deutschlands hinaus.

Aufgrund Rolands Beliebtheit musste die Reichsbahn die Anzahl der Lokomotiven und Wagons stetig ergänzen. Dies geschah zum Großteil mit Material der sächsischen Schmalspurbahnen. Die Beförderung von Gütern wurde immer mehr auf die Straße verlegt, sodass 1967 der Güterverkehr ganz eingestellt wurde. Das wachsende Umweltbewusstsein machte dem Rasenden Roland 1976 fast den Garaus. Aber weitsichtige Eisenbahnfreunde und angestellte Eisenbahner schafften es letztendlich, den Erhalt durchzusetzen. Das bedeutete zunächst, viel Arbeit in die Renovierung der Anlagen und Züge zu stecken, da diese vernachlässigt wurden.

Blick über den Bodden

Nach der Wende ging die Anlage von der Reichsbahn in dem Streckennetz der Deutschen Bahn AG auf, die eigentlich gar kein Interesse an derartigen Eisenbahnen hatte. Dies war die Geburtsstunde der Rügenschen Kleinbahn GmbH, die ab 1996 das Eigentum und die Betriebsführung des »Rasenden Rolands« aufnahm. Wieder hieß es, zu investieren, und 1999 wurde die Strecke von Bergen bis an den Molenkopf in Lauterbach verlängert. Seit 2008 führt die Pressnitztalbahn GmbH aus dem sächsischen Jöhstadt die Regie. Die neue **Rügensche Bäderbahn** erhielt ein umfangreiches Investitionsprogramm und dampft seither mit dem Roland in eine sichere und aussichtsreiche Zukunft.

Heute fährt der »Rasende Roland« auf einer Strecke von gut 24 Kilometer Länge. Er benötigt für eine Fahrt zwischen den beiden Endbahnhöfen etwa eine Stunde. In den Sommermonaten werden zusätzliche, offene Panoramawagons angehängt, von denen aus sich die Landschaft besonders nah erleben lässt. In den dunkelroten Buffetwagen wer-

SPECIAL

BIOSPHÄRENRESERVATE

Biosphärenreservate sind Modellregionen, Kulturlandschaften mit herausragender Naturausstattung, in denen ein harmonisches Verhältnis zwischen dem wirtschaftenden Menschen und dem Schutz der natürlichen Ressourcen modellhaft entwickelt wird. In Deutschland gibt es derzeit 15 Biosphärenreservate, weltweit sind es 669 in 120 Staaten (Stand März 2016). Das Biosphärenreservat Südost-Rügen wurde 1990 gegründet und 1991 mit der Anerkennung durch die UNESCO in das Weltnetz des MAB-Programmes aufgenommen. Mit ihm wurde ein repräsentativer Landschaftsausschnitt des nordostdeutschen Tieflandes unter Schutz gestellt, der auf kleinstem Raum alle Landschafts- und Küstenformen des mecklenburg-vorpommerschen Küstenraumes widerspiegelt. Land und Meer sind tief ineinander verzahnt. Halbinseln und Küstenvorsprünge werden einerseits durch schmale Landstreifen miteinander verbunden, andererseits durch Bodden und Wieken voneinander getrennt. Feinsandige, breite Sandstrände an der Ostseeküste wechseln mit schroffen Steilküsten ab, an deren Klifffüßen imposante Blockstrände entstanden sind. Boddenseitig werden die Ufer meistens von breiten Schilfgürteln gesäumt. Ausgedehnte Buchenwälder oder Magerrasen prägen Endmoränenstandorte, Wiesen und Weiden die nacheiszeitlich entstandenen Niederungen. Text mit freundlicher Genehmigung: Biossphärenreservat Südost Rügen, Circus 1, 18581 Putbus, www.biossphärenreservat-suedostruegen.de

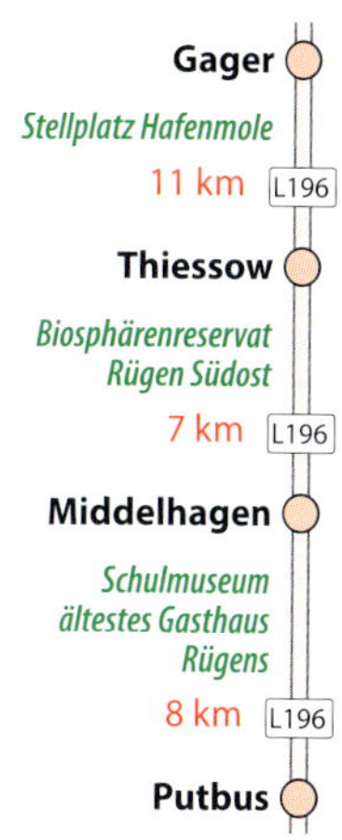

VIT-81

LASSAN
SASSNITZ

SEEFAHRER- UND FISCHEREI-TRADITION

Bilder Seite 110
Oben: Hafenflair auf Fehmarn
Unten: festgemacht im Hafen von Lassan

Bilder Seite 111
Oben: Kappeln an der Schlei
Mitte: die »Hanseat«, Heimathafen Barhöft
Unten: im Fischereihafen Eckernförde

Hier könnten Sie stehen: Stellplatz Hafen Gager

den die Reisenden mit Snacks und Getränken versorgt. In der Hauptferienzeit sind täglich drei Schmalspurbahnen auf der Strecke unterwegs, ansonsten zwei. Während der Sommermonate wird eine zusätzliche Verbindung über Putbus und Lauterbach Mole angeboten. Auch wenn es am Himmel schon mal ein schwarzes Wölkchen gibt, erfreut sich der historische Zugverkehr bei Touristen aus aller Welt großer Beliebtheit.

VON GAGER BIS ZUR FÄHRE VON GLEWITZ

Wir bewegen uns nun in das Biosphärenreservat Südost-Rügen auf der Halbinsel Mönchgut in den letzten befahrbaren Zipfel der Insel. Thiessow und Klein Zicker sind die letzten erreichbaren Orte, und genau dahin wollen wir! Der Campingplatz Thiessow liegt zur einen Seite mit Blick auf den **Rügischen Bodden**, auf der anderen Seite ist der Ostseestrand. Besonders an windigen Tagen ist diese Auswahl des richtigen Badegewässers eine tolle Option. Umweltlärm ist hier ein Fremdwort und überhaupt gehen die Uhren ein wenig langsamer. Sie werden den Aufenthalt genießen.

Passender Name!

Mit dem Fahrrad erreicht man über den ausgeschilderten Fahrradweg nach 2,5 Kilometern den **Fischerhafen von Klein Zicker**, den wir bereits von unserem Stellplatz aus sehen konnten. Hier scheint die Welt dann wirklich zu Ende zu sein. In der untergehenden Sonne sind nur die Vögel zu hören, die ihren Schlafplatz für die Nacht aufsuchen.

Am nächsten Morgen wechseln wir zum sechs Kilometer entfernten Hafen von **Gager**, an dem wir vor zehn Jahren direkt an der Kaimauer stehend genächtigt haben. Auch hier ist der Fortschritt nicht stehen geblieben, vieles erstrahlt in neuem Glanz, die Steganlagen, das Pflaster und die Kaianlagen. Aber eines ist geblieben: Wir melden uns beim Hafenmeister an und dürfen für zehn Euro inklusive Strom sowie Nutzung der Sanitäranlagen stehen bleiben. Dieses Glück teilt ein weiteres Wohnmobil aus Goslar mit uns. Am späten Nachmittag sind wir mit einigen Bootsführern quasi unter uns! Karl vom Fischimbiss Meeresblick verlängert spontan seine Öffnungszeit und verwöhnt uns mit frisch gemachten Matjesbrötchen, Backfisch und kaltem Bier.

Am darauffolgenden Tag haben wir uns **Middelhagen** als Tagesziel vorgenommen. Die Rundtour mit dem Fahrrad schlägt mit ca. 20 Kilometern zu Buche, alternativ kann man sich des Dienstes des Inselbusses bedienen. Schon auf dem Weg begegnet uns wieder die natürliche Schönheit der Landschaft und bei der Einfahrt in Middelhagen, ob mit Rad oder Bus, passt einfach alles zusammen. Die alten Höfe und Häuser sind mit viel Liebe herausgeputzt und passen malerisch ins Gesamtbild.

Gleich in der Dorfstraße 4 ist die Kurverwaltung, sie hält einen wunderbaren Rundgang von 90 Minuten Dauer für Sie kostenlos bereit und die technisch Versierten unter Ihnen können sich sogar einen Audioguide für das Smartphone herunterladen. Ja, auf Rügen ist die Zeit manchmal stehen geblieben, aber der Fortschritt hat auch hier schon lange Einzug gehalten. Bestens ausgerüstet kommen wir zunächst zum **Museum der alten Dorfschule**. Nehmen Sie doch einfach

Schulmuseum in Middelhagen

Zurück in die Vergangenheit

Dorfimpression

Platz auf einer der historischen Schulbänke, schließen Sie die Augen und lassen Sie sich einfach in die Vergangenheit entführen, als der Schulmeister noch alle Unterrichtsfächer in einer Person den Kindern näherbrachte. Leben und Arbeiten waren für ihn eins. Von der Küche bis zur guten Stube, vom Klassenzimmer bis zum Gemüsegarten können Sie alles hautnah erleben.

Glücklicherweise ist schon Mittagszeit und das älteste Gasthaus Rügens, »Die Linde«, öffnet gerade seine Pforten. Als »Dorfkrug« begann seine Geschichte bereits um das Jahr 1400. Damit ist er so alt wie die Dorfkirche und hat schon so manchen Sturm überstanden. Unverputzte Ziegelsteinmauern, rustikaler Holzfußboden und das passende Mobiliar sorgen für die historische Atmosphäre. Im Mittelalter, so sagt der heutige Lindenwirt Steffen Leistert, haben hier sogar Gerichtsverhandlungen stattgefunden. Die beiden Linden vor der Tür, die dem Biergartenbesucher angenehmen Schatten spenden, können trotz ihres hohen Alters längst nicht alle Geschichten erzählen. Einmal die Woche röstet der Lindenwirt frischen Kaffee und der Zander auf Sauerkraut ist ebenfalls eine Lobeshymne wert. Auch die Flundern auf heißen Stachelbeeren sind ein ganz besonderer Gaumenkick.

So liebenswert, wie Middelhagen auf uns wirkt, so herzlich sind auch die Menschen, die wir hier treffen, die gern einen Plausch über den Gartenzaun mit Ihnen führen und noch die ein oder andere Geschichte zu erzählen haben. Schweren Herzens verlassen wir Middelhagen, unseren Platz im Hafen von Gager und die Halbinsel Mönchsgut. Die schönen Erinnerungen werden uns sicher eines Tages wieder an diese Orte zurückführen.

PUTBUS UND DER NEOKLASSIZISMUS

Bei Lancken-Granitz wechseln wir von der B196 auf die L196 und sehen noch einmal in der Ferne den »Schnaufenden Roland«, als ob er Tschüss sagen wollte. Die Stadt Putbus liegt in Rügens Süden. Benachbart liegt die Kreisstadt Bergen, nur acht Kilometer in nördlicher Richtung, sowie die Stadt Garz weiter westlich. Putbus besitzt 30 Ortsteile, viele von ihnen direkt am Greifswalder Bodden. Die Küste des Stadtgebietes erstreckt sich von Rosengarten bis zum Ende der Stresower Bucht, die an die westliche Grenze von Mönchgut stößt. Die Ortsteile haben durchweg dörflichen Charakter. Aus Richtung Sellin führt die Deutsche Alleenstraße durch die Stadt. Das Radwegenetz um Putbus ist perfekt ausgebaut und bindet sich an alle Inselradwege lückenlos an.

Im Jahr 1810 wurde Putbus von Fürst Wilhelm Malte zu Putbus als jüngste Residenzstadt des Nordens gegründet. Aufgrund ihres besonderen Flairs wird sie auch »Weiße Stadt« oder »Rosenstadt« genannt. Seit 1997 ist Putbus staatlich anerkannter Erholungsort. Es versteht sich von selbst, dass Stadtrat und Denkmalschutz gemeinsam darauf achten, den klassizistisch geprägten Stadtkern zu erhalten, zieht er doch mit seinen strahlend weißen Häusern und den repräsentativen Rosenstöcken davor scharenweise Touristen an.

Das erste Seewasser-Warmbad in Putbus konnte schon 1816 auf Betreiben des Fürsten Wilhelm Malte eröffnet werden, und zwar in der Alleestraße 13. Es war das erste Seebad Rügens überhaupt. Da es regen Anklang fand, folgte bereits zwei Jahre später das prächtige »Friedrich-Wilhelmsbad«, heute »Badehaus Goor«. Die Architektur beider Bäder entspricht dem klassizistischen Stil. Eine schnurgerade Kunststraße verband das Wilhelmsbad im Ortsteil **Lauterbach** mit dem Schloss, welches 1965 leider der Abrissbirne zum Opfer fiel. Die Planwirtschaft der damaligen DDR besaß weder den Kunstsinn noch die finanziellen Mittel, um es zu restaurieren.

Wer in Putbus übernachten will, sucht entweder den Wohnmobilstellplatz Lauterbach auf oder folgt unserem Tipp, im Wildrestaurant Jagdhütte zu essen und dort auch zu übernachten. Es ist sehr idyllisch im Putbusser Stadtpark gelegen, direkt am Rot- und Damwildgehege.

Die Alleestraße leitet uns nach einer ruhigen Nacht, sieht man von dem Geweihklappern einiger Hirsche einmal ab, an Garz vorbei an die Fähre von Glewitz, wo unsere Rügener Runde zu Ende geht und es heißt, Abschied zu nehmen. Nach der Überquerung des Strelasund starten wir in Greifswald den fünften Abschnitt unserer Wohnmobiltour.

Putbus und der Neoklassizismus

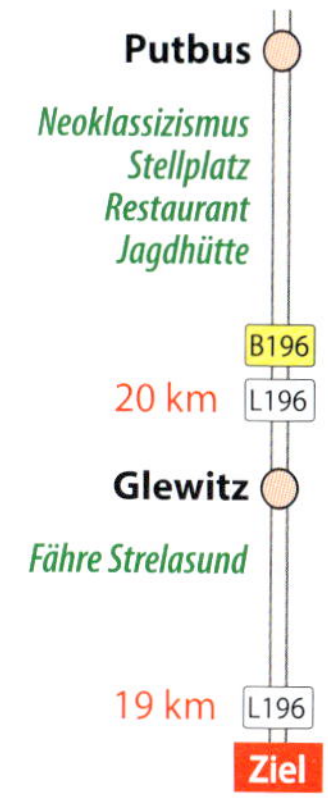

Wohnmobilstellplatz im Grünen

PRAKTISCHE HINWEISE

KARTE

Kümmerly+Frey, Karte 2 »Deutsche Ostseeküste«,
Maßstab 1:275 000, ISBN 978-3-259-01461-5

TOURISTINFORMATIONEN

Tourismusinformation Zingst
Seestr. 56–57, 18374 Zingst,
Tel. 038232/815 80, www.fischland-darss-zingst.de

Tourismuszentrale der Hansestadt Stralsund
Alter Markt 9, 18439 Stralsund,
Tel. 03831/246 90, www.stralsundtourismus.de

Tourismusinformation
Binz, Heinrich-Heine-Str. 7, 18609 Ostseebad Binz,
Tel. 038393/14 81 48, www.ostseebad-binz.de

Tourismusinformation Putbus
Orangerie, Alleestr. 35, 18581 Putbus,
Tel. 038301/431, www.ruegen-putbus.de

CAMPING-UND STELLPLÄTZE

C 400 **Campingplatz Regenbogen Prerow**
(S. 172 A3)
Bernsteinweg 4–8,18375 Prerow,
Tel. 038233/331, www.regenbogen.ag
GPS-Daten: 54.454635, 12.548615
Die Ferienanlage in Prerow erstreckt sich über 2,5 Kilometer am Traumstrand von Prerow auf der Ostseehalbinsel Darß. Mit ca. 850 Stellplätzen ist sie ein kleines Dorf mit allen erdenklichen Einrichtungen.

S 401 **Campingplatz »Am Freesenbruch«** (S. 172 B3)
Am Bahndamm 1, 18374 Zingst,
Tel. 038232/157 86, www.camping-zingst.de
GPS-Daten: 54.440803, 12.661023
Der Wohnmobilhafen am Campingplatz liegt direkt neben dem Campingplatz. Er bietet 40 parzellierte Stellplätze und unbeschränkte Zufahrtsmöglichkeit. Alle Plätze und Fahrwege des Reisemobilhafens sind mit Schotter befestigt. Die Parzellen fallen zwar etwas kleiner aus als die Stellplätze auf dem Campingplatz, besitzen aber einen Strom- und Frischwasseranschluss, einen Ausguss für Brauchwasser und einen TV-Anschluss.

S 402 **Wohnmobilstellplatz Hafen Barhöft**
(S. 172 D3)
Am Hafen 3, 18445 Klausdorf,
Tel. 038323/531, www.sprenger-barhoeft-maritim.de
GPS-Daten: 54.418056, 13.017778
Ein kleiner Platz mit 24 Standplätzen (etwa 5 x 10 Meter), die alle mit Strom und Wasser versorgt sind. Der Stellplatz ist von drei Seiten mit Wald umgeben, sodass es selbst bei starkem Wind immer noch sehr ruhig ist. Kleines Sanitärgebäude. Waschmaschine und Trockner können vom Hafen mitbenutzt werden. Hafen und Strand sind rund 350 Meter entfernt. Reservierung möglich.

Praktisch: Stellplatz auch für die Nacht am Kap Arkona

Herrlicher Blick vom Stellplatz auf die Ostsee in Juliusruh

S 403 **Wohnmobilstellplatz Stralsund** (S. 173 E5)
Boddenweg 3, 18439 Stralsund,
Tel. 03831/309 20 23,
www.wohnmobilstellplatz-stralsund.de
GPS-Daten: 54.275833, 13.109167
Gebührenpflichtiger Stellplatz für 20 Mobile im südlichen Stadtteil zwischen Wohnbebauung und Gewerbegebiet in Boddennähe. Geschotterte Stellflächen, beschildert und beleuchtet. Grünflächen mit Sitzecke, Grill- und Feuerstelle. 300 Meter zum Supermarkt. Ganzjährig nutzbar.

S 404 **Wohnmobilstellplatz Stralsund »An der Rügenbrücke«** (S. 172 D5)
Werftstr. 9, 18439 Stralsund,
Tel. 03831/667 97 77,
www.caravanstellplatz-stralsund.de
GPS-Daten: 54.302222, 13.098333
Beim Caravan-Center Dahnke. Gebührenpflichtiger Stellplatz für 55 Mobile mit Blick zur Rügenbrücke. Großzügig parzellierte Stellflächen auf Schotterrasen. Komfortable Sanitäranlage mit Waschmaschine und Trockner. Weitere 60 Stellplätze gegenüber, neben dem Betriebsgelände. 2 Kilometer zum Stadtzentrum. Ganzjährig nutzbar.

S 405 **Stellplatz Kap Arkona** (S. 173 F1)
Dorfstr., 18556 Putgarten,
Tel. 038391/4190, www.kap-arkona.de
GPS-Daten: 54.671111, 13.407778
Einfacher Stellplatz auf dem Busparkplatz für 30 Mobile. Ebener, asphaltierter Untergrund. Kein Schatten. Kein Strom, keine Ver- und Entsorgung. Lage am Ortsrand.

S 406 **Wohnmobilstellplatz Sellin** (S. 173 H4)
Kiefernweg 4b, 18586 Ostseebad Sellin,
Tel. 0151/19 00 70 77,
www.reisemobilhafen-ruegen.de
GPS-Daten: 54.371667, 13.701667
Komfortabler Reisemobilhafen für 50 Mobile auf Schotter mit Rasenflächen, terrassiert angelegt. Spezielle Plätze für große Mobile vorhanden. Rezeption mit Duschen und WC. Einfahrt bis 19 Uhr. Allerbeste Lage, ortsnah und strandnah.

S 407 **Stellplatz Hafen Gager** (S. 173 H4)
Hafen, 18586 Gager/Groß Zicke,
Tel. 038308/66 47 12,
GPS-Daten: 54.353333, 13.655000
Hierbei handelt es sich nicht um einen offiziellen Wohnmobilstellplatz. Wenn man beim Hafenmeister fragt, darf man für 12 € im Hafengelände über Nacht stehen und die WCs und Duschen im Hafengebäude benutzen. Bei Bedarf legt der Hafenmeister auch noch ein Stromkabel. Eben auf Asphalt.
Super Fischbude am Platz. Nachts absolut ruhig.

S 408 **Wohnmobilstellplatz Lauterbach** (S. 173 G4)
Zum Findling 8 (ehemals Chausseestr.14), 18581 Putbus,
Tel. 038301/88 83 29,
www.wohnmobilstellplatz-insel-ruegen.de
GPS-Daten: 54.347588, 13.498490
Unparzellierte Wiese für 26 Mobile, teilweise etwas schräg, gepflegtes Sanitärgebäude. Der Hafen und die Innenstadt von Putbus sind bequem zu Fuß erreichbar und der »Rasende Roland« hält 700 Meter entfernt an der Mole.

5 DAS BLAUE WUNDER, DIE WEISSE DÜNE UND DER FLUGPIONIER

Von Greifswald über Usedom nach Anklam

Warum fliegt ein Anklamer Bürger mit seltsamen Fluggeräten durch die Rhön, wo können Sie Ihr »Blaues Wunder« erleben oder haben Sie schon mal in einem Autokino übernachtet? Wenn Sie Antworten auf all diese Fragen suchen, begleiten Sie uns doch auf diesem Abschnitt mit Ihrem Wohnmobil entlang der Ostseeküste! Außerdem lernen Sie die sonnenreichste Region Deutschlands näher kennen: Die Insel Usedom hält mehr als 2000 Sonnenstunden für uns bereit und sie muss in keinster Art und Weise den Vergleich mit ihrer Konkurrenz im Norden scheuen, denn sie ist mindestens so interessant und abwechslungsreich.

Am Museumshafen von Greifswald

Der Wohnmobilstellplatz am **Museumshafen** ist unser Domizil für die erste Nacht. Sicherlich wird der Platz keinen Designpreis gewinnen, aber für 15 Euro bietet er das komplette Programm inklusive Duschen und Strom. Von hier geht man zu Fuß in weniger als zehn Minuten in die Altstadt von Greifswald. Leider hat sich die Stadt in den vergangenen Jahren in den Nachrichten nicht den besten Ruf erarbeitet. Zu Unrecht, wie wir meinen, denn es hat sich viel bewegt und Greifswald hat es längst verdient, dass auch die Wohnmobiltouristen hier eine Heimat auf Zeit finden.

Greifswald gehört zum Landkreis Vorpommern-Greifswald im nordöstlichen Mecklenburg-Vorpommern. Die Hansestadt liegt am Greifswalder Bodden, dort, wo der Ryck zwischen Rügen und Usedom in die Ostsee mündet. Bereits im Jahr 1456 wurde die Greifswalder Universität gegründet, somit ist Greifswald nach Rostock die zweitälteste Universitätsstadt des Ostseeraumes. Von den rund 57 000 Einwohnern sind etwa 11 000 Studenten.

Die fünftgrößte Stadt Mecklenburg-Vorpommerns gehörte bei ihrer Gründung zur Gutsanlage des Klosters Eldena, ein Zisterzienserkloster aus dem 12. Jahrhundert, von dem heute allerdings nur noch Ruinen von seiner Existenz zeugen. Die Historiker gehen davon aus, dass Greifswald im 13. Jahrhundert als Ansiedlung der Arbeiter der nahe gelegenen Saline entstand. Fürst Wizlaw I. von Rügen und Pommernherzog Wartislaw III. verliehen dem Kloster Eldena im Jahr 1241 das Marktrecht für die Siedlung. Acht Jahre später übergab das Kloster Wartislaw III. die Marktsiedlung Greifswald zu Lehen, und im Jahr darauf schon verlieh dieser Greifswald das Lübische Stadtrecht. So wurde Greifswald unabhängiger von den pommerschen Herzögen.

1254 ernannte Wartislaw die Ryckmündung zum Freihafen. Den Kaufleuten versprach er Ersatz für durch Seeräuberei erlittene Verluste. 1264 dann räumte er der Stadt das Recht ein, sich selbst zu verteidigen und eine Schutzmauer zu errichten – die Grundsteinlegung der Stadtmauer und Befestigungsanlagen.

Parallell zur Altstadt entwickelte sich westlich die Neustadt mit dem heutigen Marktplatz und der St.-Jacobi-Kirche als Mittelpunkt. Da Wartislaw III. aber verfügte, dass es in Greifswald nur einen Markt, einen Vogt und ein Recht geben sollte, erwuchs der Neustadt daraus keine Unabhängigkeit.

Spätestens 1278 war Greifswald Mitglied der Hanse, was aus einer Urkunde der damaligen Zeit hervorgeht. Allerdings bekamen die Handelstreibenden bald ein Problem: Der Hafen versandete allmählich, und Greifswald fiel gegenüber den anderen Hansestädten Stralsund, Wismar und Rostock in der wirt-

ROUTE 5

START- UND ENDPUNKT
Greifswald und Anklam

STRECKEN
überwiegend Land- und Kreisstraßen

STRECKENLÄNGE
ca. 170 Kilometer

FAHRZEIT
5 bis 9 Tage

BESTE JAHRESZEIT
April bis Oktober

Der Wandel der Ostdeutschen Städte

Greifswalder Fußgängerzon

schaftlichen Bedeutsamkeit immer weiter zurück.

Politisch wechselvolle Jahre folgten. Von 1412 bis 1415 befehdete sich Greifswald beispielsweise mit dem Pommernherzog Wartislaw VIII., nämlich als seine Bürger dessen Gefolgsleute angriffen. Erst durch die Intervention der Stände wurde der Streit beigelegt und die Stadt erhielt daraufhin die Fischereirechte im Greifswalder Bodden. 1452 endlich, mit der Verleihung der sogenannten Goldenen Privilegien durch den Pommernherzog Wartislaw IX., erhielt Greifswald weitreichende Begünstigungen, auch und vor allem in kaufmännischen Belangen, die der Stadt endlich eine wirtschaftliche Machtposition und damit Wohlstand verschafften. Mit der Gründung der damals pommerschen Landesuniversität schließlich erlangte die Stadt dauerhafte Bedeutsamkeit bis heute.

Frech! Möwe beim Fischladen

Im Rahmen der Städtebauförderung erfolgte ab 1991 eine umfangreiche Sanierung des historischen Stadtkerns, was Greifswalds Altstadt enorm aufwertete. Der historische Marktplatz mit seinem imposanten roten Rathaus aus dem 13. Jahrhundert gilt heute als einer der schönsten in Norddeutschland.

Ab dem Jahr 2000 unternahm man auch Rückbauten in den Plattenbausiedlungen der DDR-Zeit. 2011 verlor Greifswald im Zuge der Kreisgebietsreform Mecklenburg-Vorpommern die Kreisfreiheit und wurde Teil des neu gebildeten Landkreises Vorpommern-Greifswald.

Bei unserem Rundgang hat uns besonders gut gefallen, dass Sehenswürdigkeiten sehr gut ausgeschildert sind und der gesamte Shoppingbereich durchgehend aus Altbaufassaden besteht. Unser Tipp zur Mittagszeit: Die Mensa der Uni liegt zentrumsnah am Ende der Fußgängerzone und bietet eine hervorragende Küche, die auch von Gästen gegen einen Aufpreis von einem Euro pro Mahlzeit genutzt werden kann. Auch ein Abendspaziergang zum gegenüberliegenden Museumshafen entlang der Ryck ist sehr zu empfehlen.

WOLGAST

Bei der Einfahrt zum Hafen erleben wir endlich das Blaue Wunder der Technik. Die **Peenebrücke Wolgast** ist eine Straßen- und Eisenbahn-Klappbrücke in Wolgast, wo sie

»Das Blaue Wunder« von Wolgast

über den Peenestrom führt. Sie verbindet die Insel Usedom mit der Wolgaster Schlossinsel, die mittels der Schlossgrabenbrücke und einer separaten Eisenbahnbrücke mit dem vorpommerschen Festland verbunden ist. Über die Peenebrücke läuft die Bundesstraße 111 sowie die Bahnstrecke Züssow-Wolgast Hafen. Wegen ihres weithin sichtbaren blauen Anstrichs wird die Brücke auch als **»Blaues Wunder«** bezeichnet.

Der Pkw-Verkehr nahm erstaunlich schnell Fahrt auf und in den 1920er-Jahren gab es Planungen, eine feste Brücke über den Peenestrom zu errichten. Die veraltete Dampffähre war ab dem Jahr 1930 völlig überlastet. Mehr als 200 000 Personen und fast 30 000 Fahrzeuge in Form von Fuhrwerken, die damals im Straßenbild selbstverständlich waren, Kraftwagen und Krafträder wurden gezählt. Das Vorhaben sollte zudem den Wolgaster Gewerbetreibenden einen besseren Zugang zu den attraktiven Märkten der Seebäder ermöglichen und den von der Weltwirtschaftskrise gebeutelten Unternehmen der Stadt, vor allem dem Gussstahlwerk, wieder auf die Beine helfen.

Am 24. Juni 1934 wurde die Brücke nach nur zwölf Monaten Bauzeit ihrer Bestimmung übergeben. Knapp 1,5 Millionen Reichsmark wurden investiert. Erstaunlich war, dass trotz der schlechten Witterungsbedingungen die Zeit eingehalten wurde, vielleicht könnte dies als Beispiel dienen für heutige Bauplanungen. Die Sprengung im April 1945 durch die Wehrmacht war schon fast ein Kunstgriff. In geöffneter Stellung blieb das Klappteil unzerstört, wodurch die Marineeinheiten, zwischen den im Wasser liegenden Trümmern, weiterhin einen hindernisfreien Fluchtweg in Richtung Ostsee hatten.

Trotzdem dauerte es fünf Jahre, ehe die in den Peenestrom gestürzten Brückenteile mit den Fundamenten wieder zu einer stabilen Konstruktion zusammengefügt waren und die Brücke wieder befahren werden konnte. Bis 1990 versah sie 40 Jahre unter dem Namen **Brücke der Einheit** ihren Dienst. Für die Insel war sie die wichtigste Lebensader und Verbindung zum Festland. Doch das Gewicht des Verkehrs nahm immer mehr zu, sodass die Brücke aufgrund ihres Zustandes nur beschränkt befahren werden konnte. Ein Neubau wurde von 1994 bis 1996 direkt neben der alten Brücke errichtet, die nach der Fertigstellung der neuen Brücke abgerissen wurde. Ein Element des alten Klappteils steht jetzt auf dem Hafenvorplatz und wurde dort zu einem Info-Terminal umgestaltet.

Im Unterschied zu ihrer Vorgängerin erhielt die neue Brücke ein zusätzliches Eisenbahngleis, das von der Usedomer Bäderbahn benutzt wird. Für die Eisenbahnanbindung

Unser Tipp, ein Törn mit der »Weissen Düne«

musste die Brückenzufahrt auf der Inselseite umgestaltet werden. Erstmals seit der Zerstörung der Karniner Brücke 1945 konnte im Jahr 2000 wieder eine Eisenbahn den Peenestrom überqueren. Die Klappe der neuen Brücke ist rund 19 Meter breit und 42 Meter lang. Die hochliegenden Hebel mit den Gegengewichten sind weithin sichtbar. Die Durchfahrtöffnung ist 30,75 Meter breit. Die insgesamt 247 Meter lange, in mehreren Teilen zusammengefügte Brücke enthält nahezu 2300 Tonnen Stahl und kostete den Steuerzahler mehr als 100 Millionen D-Mark.

Die Stadt Wolgast zählt heute rund 12 500 Einwohner und gehört zum Landkreis Vorpommern-Greifswald. Sie liegt südwestlich vor der Insel Usedom, ein kleiner Teil bereits auf der Insel. Sehr schön ist das komplett sanierte Hafenviertel mit seinen alten Lagerhäusern.

PEENEMÜNDE

Wir nehmen die B 111 und folgen in Bannemin der Beschilderung nach Peenemünde. Im Wald fahren wir zunächst rechts und biegen

SPECIAL

TÖRN MIT DER WEISSEN DÜNE

Als Passagier können Sie aktiv dabei sein. Sie können zum Segelsetzen die Winde bedienen, aber natürlich auch faul in den Kissen liegen und sich den Wind um die Ohren wehen lassen. Sie haben die Wahl. Die Weisse Düne ist ein holländisches Plattbodenschiff. Sie hat keinen Kiel und ist, wie der Name schon sagt, von unten ganz platt. Seit 2001 ist das Schiff als Topsegelschoner getakelt. Topsegelschoner sind gekennzeichnet durch zwei Rahsegel am vorderen Mast. Der hintere Mast ist der Hauptmast und somit der größte. Die beiden viereckigen Gaffelsegel werden jeweils von einer Winde bedient. Die Vorsegel laufen Hand über Hand. Alles, was das Segeln anbelangt, wird mit der Hand bedient, genau wie früher. Mit Beiboot und Klüverbaum ist die Weisse Düne 45 Meter lang und 6,40 Meter breit. Die Touren starten ab 11 oder 17 Uhr und kosten ab 49 Euro. Für das leibliche Wohl an Bord sorgt Smutje René. Parken während des Törns kann man großzügig und bequem im Hafengelände.

Info: Weisse Düne Hafen Wolgast, Jane Bothe, Tel. 0173/194 81 67, www.weisse-duene.com

Ehemalige Heeresversuchsanstalt in Peenemünde

auf den Weg zum ehemaligen russischen Flugplatz für Bomber und Jagdflugzeuge, der später offiziell durch die Nationale Volksarmee der DDR betrieben wurde. Auch heute ist es sehr verwaist und heruntergekommen. Wir fahren auf dem alten Versorgungsweg durch die Wälder und sehen dann die Zufahrt zum Wohnmobilstellplatz. Sie ist völlig kaputt und mit Schlaglöchern übersät und wir entscheiden uns dafür, den Platz später von der anderen Seite her zu Fuß zu erkunden. 1,5 Kilometer weiter sind wir am historischen Raketenversuchsgelände. Von hier schauen wir auf die gegenüberliegende Seite des kleinen Hafenbeckens und sehen einige Wohnmobile am Platz stehen.

Einzig faszinierend ist der geschichtliche Hintergrund dieses Ortes. 1942 wird nur für die Heeresversuchsanstalt mit 30 Megawatt Leistung das größte Kohlestaubkraftwerk Europas in Betrieb genommen. Die **Versuchsstelle des Heeres Peenemünde** (kurz: Heeresversuchsanstalt, HVA, Peenemünde) war eine ab 1936 in Peenemünde errichtete Entwicklungs- und Versuchsstelle des Heeres, eine Teilstreitkraft der Wehrmacht. Unter dem Kommando von Walter Dornberger, Chef der Raketenabteilung im Heereswaffenamt, und der technischen Leitung Wernher von Brauns wurde in dem militärischen Sperrgebiet im Norden der Insel Usedom hauptsächlich die erste funktionsfähige Großrakete Aggregat 4 (A4, später in der NS-Propaganda »Vergeltungswaffe V2« genannt) entwickelt und getestet. Mit ihrem ersten erfolgreichen Flug am 3. Oktober 1942 war die ballistische Rakete das erste von Menschen gebaute Objekt, das in den Grenzbereich zum Weltraum eindrang. Allgemein gilt Peenemünde daher als »Wiege der Raumfahrt«.

Die HVA Peenemünde (»Werk Ost«) wurde ab 1938 ergänzt von den Anlagen in Peenemünde-West (»Werk West«, später Versuchsstelle der Luftwaffe Karlshagen). Ab Sommer 1936 begann die Errichtung der Anlagen im Stil üblicher Luftwaffenstützpunkte und Fliegerhorste. Das Gelände wurde mit 25 Kilometern Schienen, drei Häfen und zahlreichen Straßen infrastrukturell erschlossen; zwischen 1937 und 1940 wurden etwa 550 Millionen Reichsmark in die Heeresversuchsanstalt investiert. Im Rahmen der Aufrüstung der Wehrmacht wurden für eines der größten geheimen Militärprojekte zur Zeit der NS-Diktatur 70 Prozent der Häuser abgerissen und vom alten Peenemünde mit seinen reetgedeckten Fischerhäusern blieb so gut wie nichts mehr übrig.

Bereits im Mai 1937 konnte das Heer die ersten 90 Mitarbeiter von Kummersdorf nach Peenemünde ins »Werk Ost« verlegen, 1938 folgte die Luftwaffe ins Werk West. Das Werk Süd diente der Produktion und beinhaltete das Versuchsserienwerk mit den zwei großen Fertigungshallen F1 und F2. Die 248 Meter lange Halle F1 war mit ihren 120 Metern Breite eine der damals größten Montagehallen ohne Zwischenstützen. Halle F2 wurde noch errichtet, aber nicht mehr voll in Betrieb genommen. Ferner war eine Materiallagerhalle mit einer Grundfläche von 180 mal 95 Metern und einer Höhe von 18 Metern geplant. Bedingt durch Materialknappheit und die Verlagerung der Produktion an andere Standorte wurden nur Bodenplatte und Gleisanschluss fertiggestellt.

Die wichtigste Startrampe für die A4 war der von Kurt Heinrich Debus geleitete Prüfstand VII. Von Peenemünde aus erfolgten nur Versuchsstarts, da sowohl der Flugkörper Fieseler 103 »V1« als auch die ballistische Rakete A4 eine zu geringe Reichweite aufwiesen, um von Peenemünde aus geeignete feindliche Ziele erreichen zu können. Das **Historisch-Technische Museum** informiert über die damaligen Geschehnisse und die Geschichte des Ortes.

Ehemalige Militäranlagen werden uns auf Usedom immer wieder begegnen, denn aufgrund ihrer Nähe zur Sowjetunion besaß die Insel strategische Bedeutung. Die Einsamkeit und gut kontrollierbare Erreichbarkeit der Insel taten ihr Übriges dazu. Heute sind viele dieser Bauten zu Freizeitanlagen umgestaltet.

Da wir uns in einer Sackgasse befinden, geht es nach unserer Besichtigung einige Kilometer zurück nach **Karlshagen**. Der völlig neu entstandene Mittelteil mit modernen Neubauten lässt nur noch erahnen, dass hier einst Kiefernwälder das Bild beherrschten. Zentral geparkt, kann man sich hier gut mit allem Nötigen versorgen, um für die nächsten Tage auch auf einsame Übernachtungen vorbereitet zu sein.

Im Ortsteil Trassenheide fahren wir in Richtung Ostseestrand, bis wir inmitten der Kiefernwälder am **Campingplatz Ostseeblick** stehen. Offiziell ist dies die einzige legale Stelle, um hier eine Nacht mit dem Wohnmobil zu verbringen. An der Haltestelle Trassenheide Wald der Regionalbahn gibt es einen schönen Parkplatz, der für diesen Zweck, besonders in der Hochsaison, geduldet wird, da die Kapazitäten dem Ansturm der Wohnmobile bis heute nicht gewachsen sind.

Der gut beschattete Campingplatz kann wegen des weichen Waldbodens nur einen kleinen Teil der Fläche für Wohnmobile zur Verfügung stellen. Hat man einen der Plätze

Der Strand von Karlshagen

erhalten, steht man sehr strand- und naturnah. Es gibt noch eine einfache Ausweichfläche gegenüber der Zufahrt zum Campingplatz. Denn das freundliche Personal hat nach eigener Aussage bisher noch kein Wohnmobil abgewiesen. Die alten Betonplatten nehmen Wohnmobile jeden Gewichts auf.

Nach so viel Geschichte und Informationen zieht es uns ungeduldig in die Natur.

HALBINSEL GNITZ

Ein Teil des Naturparks Usedom ist das Achterwasser mit dem Ort **Lütow** an der südlichen Spitze der **Halbinsel Gnitz**. Das Gebiet um das Achterwasser ist Natur par excellence und der dazugehörige Wohnmobilstellplatz **Netzelkow** ein kleines Paradies. Hier kann man fast am Wasser am kleinen Hafenbecken stehen und das schwimmende Restaurant lädt am Abend auf seine Terrasse zu leckerer Hausmannskost. Den »Sundowner« genießt man gleich hier oder an dem in Sichtweite stehenden Wohnmobil.

Die schöne Landschaft erstreckt sich im Süden der Halbinsel Gnitz. In der Nähe von Lütow, das nur einen Kilometer von unserem Stellplatz entfernt ist, befinden sich der Ferienpark **Möwenort** und der **Weiße Berg**, eine Steilküste an Achterwasser und Peenestrom. Obwohl hierhin kein offiziell ausgewiesener Radweg führt, lohnt ein Besuch unbedingt. Er

Stellplatz am Achterwasser von Netzelkow

AUSFLUG

NACH GÖRMITZ ZU DEN SEEADLERN

Der von Lütow in südwestliche Richtung verlaufende Weg nach Möwenort und zum Weißen Berg ist für Radfahrer nicht zu empfehlen und sollte einer Wanderung vorbehalten sein. Man kann die Fahrräder jedoch leicht am westlichen Dorfrand von Lütow stehen lassen und die Wanderung beginnen. In die andere Richtung führt ein breiter, etwas holprig mit Betonplatten belegter Straßendamm auf die im Achterwasser gelegene Insel Görmitz. Der Straßendamm, er die Twelen, ein Teil des Achterwassers, durchtrennt, wurde im Zusammenhang mit der Erdölförderung im Hinterland Usedoms angelegt. Diese mit Betonplatten befestigten Wirtschaftswege sind durch die jahrelange Nutzung mit schweren Fahrzeugen in schlechtem Zustand. Erkundungen des Gebietes sollten also auch hier besser zu Fuß erfolgen. Die Insel Görmitz ist ein Naturschutzgebiet, ein entsprechend ruhiges und besonnenes Verhalten versteht sich von selbst. Mit etwas Glück lassen sich Seeadler beobachten – Fernglas nicht vergessen!

Einmalig: Stellplatz am Autokino

Strandspaziergang zum Sonnenuntergang in Koserow

bringt uns durch das ausgedehnte Eichholz. Auf halber Strecke kann der Radfahrer in südöstlicher Richtung abbiegen und auf einem Betonplattenweg zum Mellsee, einem Zipfel des Achterwassers, fahren. Hier geht es dann weiter auf dem Deich zum Achterwasser in Richtung Insel Görmitz. Der Deichweg ist allerdings nur mit gefederten Fahrrädern zu empfehlen.

Lütow selbst ist ein kleines Feriendorf am Achterwasser. Nach der deutschen Wiedervereinigung sind hier recht viele Ferienhäuser entstanden. Der nach Westen weisende Teil der Gemeinde hat sich ein eher authentisches Bild bewahrt.

BADETAG AM STRAND VON KOSEROW

Im Vergleich zu Rügen ist die Insel Usedom natürlich eher als klein zu bezeichnen. Das hat den Vorteil, dass lange Tagesetappen entfallen und der nächste Morgen entspannt beginnt. Beim Frühstück die landenden Wasservögel beobachten oder vorbeischwimmende Fische im Wasser sehen, wo gibt es das schon. Dazu diese unendliche Stille, keine Straße, kein Flughafen, kein Schiffsverkehr und nur das Knacken der frischen Brötchen, mit denen uns das Bäckerauto versorgt hatte!

Die kilometerlangen **Strände von Koserow** erreichen wir bereits nach 15 Kilometern. Auf der Suche nach einem geeigneten Parkplatz ist das Schild »Autokino« nicht zu übersehen. Ein Autokino inmitten dieser Landschaft hatten wir nicht erwartet, noch weniger den Hinweis »Wohnmobile willkommen«. Also Blinker nach rechts gesetzt und eingebogen. Schon sehen wir die große Leinwand und – Wohnmobile. So haben wir nicht nur einen Parkplatz, sondern gleich auch einen Übernachtungsplatz nur 150 Meter vom Strand entfernt – Herz, was willst du mehr!

An Tagen ohne Vorstellung kann das gesamte Areal genutzt werden, sonst die seitlichen Bereiche rechts und links. In der Gebühr zwischen 15 und 19 Euro je nach Saison sind Strom, WLAN sowie die Ver- und Entsorgung enthalten. Es gibt einen Imbiss, Duschen gegen Gebühr und den Film am Abend, wenn Vorstellung ist, dürfen Sie auch noch schauen. Eine tolle Idee der beiden jungen Betreiber, denn in einem Autokino haben wir wirklich noch nie übernachtet. Die Strandnähe und der direkt hier verlaufende Ostseeküsten-Radweg machen den Platz zu einem perfekten Aufenthaltsort. Dass fußläufig auch noch das Künstlerhaus des berühmten Malers Otto Niemeyer-Holstein erreichbar ist, setzt zusätzlich ein kulturelles Highlight, das man nicht verpassen sollte.

Garten vom Atelier Otto Niemeyer-Holstein

NATURCAMPING ÜCKERITZ

Theoretisch könnte man von hier zu Fuß etwa 30 Kilometer am Strand entlang bis zur polnischen Grenze gehen, so weitläufig ist es hier. Schön ist, dass man Teilstrecken davon wirklich erleben kann, denn die Bäderbahn von Peenemünde bis Ahlbeck hat überall einen Bahnhof. Sie können also von der Seebrücke Koserow am Morgen starten und fünf Kilometer lang nahezu menschenleeren Strand genießen, auch für Hunde gut geeignet, um dann in Ückeritz den Rückweg mit der Bahn zum Wohnmobil anzutreten.

Ückeritz ist ein gutes Stichwort, ist es doch unser nächstes Ziel. Hier wird naturnahes Campen ganz groß geschrieben und man hat die Auswahl zwischen dem **Naturcamping Hafen Stagnieß** an der uns schon bekannten Achterwasser-Seite und dem **Naturcampingplatz Am Strand** an der

KULTUR

ATELIER OTTO NIEMEYER-HOLSTEIN

Gerade mal 500 Meter entfernt, gelegen in freier Landschaft an der schmalsten Stelle der Insel Usedom, ist »Lüttenort« ein Refugium, in dem sich Kunst und Natur unmittelbar begegnen. Das seit 1933 gewachsene, historische Ensemble von Wohnhaus, Atelier und Garten des Otto Niemeyer-Holstein (1896–1984) mit der 2001 eröffneten neuen Galerie ist einmalig. Im Museum können Sie die Werke des Künstlers an dem Ort erleben, wo sie zum größten Teil entstanden sind. Das Anwesen, dessen eigenwillige Architektur mit der Anlage des Gartens und seinen Skulpturen bereits selbst als Kunstwerk erscheint, erinnert an Otto Niemeyer-Holstein, der in der zweiten Hälfte des 20. Jahrhunderts einer der bedeutendsten Maler war. Neben seiner original erhaltenen Wohn- und Arbeitsstätte und dem vom Künstler gestalteten Garten besitzt das Museum einen bedeutenden Fundus von Werken des Künstlers, wie wechselnde Ausstellungen und Führungen zeigen.

Info: Atelier Otto Niemeyer-Holstein, Lüttenort, 17459 Ostseebad Koserow, Tel. 038375/20213, www.atelier-otto-niemeyer-holstein.de

Naturcamping Hafen Stagnieß: einfach schön

Ostseeseite. Beide Anlagen haben sich das Wort »Naturcamping« im wahrsten Sinne des Wortes auf die Fahne geschrieben. Auf der Strandseite erwarten uns über 4,5 Kilometer schmale Bereiche, die in sieben Abschnitte unterteilt sind. Durch die Entfernungen eine gute Entscheidung, da sonst einige Urlauber die Sanitäranlagen eigentlich nur mit dem Fahrrad ansteuern könnten. Zwei davon sind für Wohnmobile aller Größen geeignet. Eine Stellplatzstruktur gibt es nur für Caravans und Wohnmobile. Der Strand ist riesig, unterteilt in verschiedene Zonen, wobei diese nicht so streng gehandhabt werden, sonst müssten wir mit Henry 1,5 Kilometer zum Hundestrand gehen.

Erfrischung gefällig?

Der Naturcampingplatz Hafen Stagnieß ist die letzten Jahre über mit neuen Sanitäranlagen und besserer Stromversorgung auf Standard gebracht worden. Feste Plätze gibt es nur für Caravans. Wohnmobilen sind zwei Bereiche zugewiesen, die direkt am Ufer des Achterwassers liegen und ohne jegliche Platznummern sind. Vom Hafen und Campingplatz geht es direkt in die Natur. Ein Wanderweg führt entlang des Ufers bis zum kleinen Ort Loddin mit Hafen und Fischrestaurant. Für Kinder ist der Campingplatz ein Traum: Es gibt einen Spielplatz, einen Bootverleih, Angelkurse und eine sehr schöne Lagerfeuerstelle, die man gemeinsam mit den Eltern nutzen kann. Sollte mal etwas fehlen, ist das freundliche Personal stets bemüht, auch weitere Aktivitäten zu ermöglichen. Zum Einkauf nach Ückeritz sind es mit dem Fahrrad 1,5 Kilometer, ebenso zum Ostseestrand. Für alle, die keines im Gepäck haben, gibt es einen Fahrradverleih.

DIE KAISERBÄDER BANSIN, HERINGSDORF UND AHLBECK

»... Das Zimmer, das ich bewohne, ist freundlich, geräumig; das Haus selbst ist allerliebst; der Blick durch Bäume hindurch auf das graue Meer ist poetisch und für Herz und Sinne unendlich wohltuend ... Man hat Ruhe und frische Luft und diese beiden Dinge wirken wie Wunder und erfüllen Nerven, Blut, Lungen mit einer stillen Wonne ...«

Mit diesen Worten beschrieb der große Dichter Theodor Fontane den besonderen Charme der Kaiserbäder. Sie sind real gewordene Träume, die alten Bädervillen. Einzigartig jede für sich. Und doch sind sie unverkennbar ein Ganzes. Und wenn sie des Morgens die Sonne anstrahlt, wird ihre glanzvoll mondäne Geschichte lebendig. So entstand in nur wenigen Jahrzehnten ein wahres Sammelsurium von Häusern ganz unterschiedlicher Baustile: Renaissance, Barock, Gründerzeit und Jugendstil. Die einzige Klammer, die alle miteinander vereint und die noch heute die Vorübergehenden fasziniert und zum Schwelgen bringt, ist die Prunksucht ihrer Besitzer und der Einblick, den sie damit in deren luxuriösen Lebensstil geben, der aus einer vergangenen Zeit stammen könnte.

Bevor wir uns dem geballten Tourismus, der mit 8,5 Kilometern längsten Strandpromenade, die die drei Kaiserbäder verbindet, hingeben, wollen wir vor allen Dingen schauen, wo da noch Platz für die Wohnmobilreisenden ist. Vor 15 oder 20 Jahren hoffte man nämlich vor allem auf finanzkräftige Investoren, die sich der vielen maroden Gebäude, überwiegend Villen und Prunkbauten, annehmen würden, die dann den Luxustouristen hierherlocken sollten. Ein Stück Vergangenheit sollte nach 40 Jahren Planwirtschaft zurückgeholt werden.

Leider hatte man außer Acht gelassen, wie weit Usedom von den westdeutschen Metropolen entfernt ist. So mancher Park mit Dünenvillen hat die Einsamkeit am Rand der Orte nicht gut überstanden und verzeichnet bis heute eher Leerstände. Im Bereich der Campingplätze wurden die alten, zum Teil sehr vernachlässigten Anlagen zwar aufgefrischt, aber weder erweitert noch durch neue Anlagen ergänzt. Der Wohnmobilfahrer war in den Anfängen ein unbekanntes Wesen, dessen Potenzial überhaupt nicht beachtet wurde. Leider ist das Angebot bis heute eher lückenhaft. Eine Einfahrt in die Orte ist als abenteuerlich zu bezeichnen und nicht zu empfehlen.

Abseits der Seebäder ist viel Platz auf Usedom

Stagnieß
Naturcamping Hafen
8 km B111
Bansin
Stellplatz Bockhornmühle Pudagla
9 km B111
Neppermin
Fischpalast Stellplatz Wasserschloss Mellenthin
B111
12 km L265
Heringsdorf

Die Wohnmobilstellplätze liegen ausnahmslos außerhalb der touristischen Zivilisation, mit Ausnahme einiger privater Hinterhöfe. Die Preise stehen oft in keiner Relation zum Gebotenen. Da der Wohnmobiltourist eigentlich sehr genügsam ist, redet er sich dieses eher schön und gibt sich zufrieden oder ist vielleicht froh, überhaupt ein Plätzchen zu finden. Eigentlich ist das Ganze im Vergleich mit den anderen Teilen unserer Reise ein wenig unbefriedigend. Doch wir lassen uns nicht unterkriegen und nehmen die Plätze in Augenschein.

Also geht es vom Hafen Stagnieß wieder zur B111 und nach wenigen Kilometern sollte man die Augen gut offen halten, denn ein kleines Schild mit dem Symbol »Wohnmobile« lotst uns links in den Wald. Wir sind bestimmt noch drei Kilometer vor **Bansin**, aber was soll es, da wir es nicht besser wissen, folgen wir. Der romantische Weg führt uns mitten durch den dichten Laubwald, etwas eng, jedoch gut zu befahren. Da uns nach einigen Minuten andere Wohnmobile entgegenkommen, müssen wir hier richtig sein.

Und siehe da, plötzlich öffnet sich eine große Lichtung und wir erkennen einen Zaun und ein Tor, an dem reger Betrieb herrscht. Es ist gerade einmal 9.30 Uhr, An- und Abreisende geben sich die Klinke in die Hand und auch an der Entsorgungsstelle ist Wartezeit. Auf der rechten Seite stehen einige Caravans und auf dem linken Teil der großen Wiese mit befestigten Fahrspuren reihen sich Wohnmobile aller Größen wie an einer Perlenkette auf. Gestern war der Platz trotz Vorsaison wieder einmal ausgebucht, sagt uns der Betreiber Herr Klein.

Der offizielle **Wohnmobilstellplatz Waldparkplatz** hat 80 Stellplätze und befindet sich 300 Meter vom Strand entfernt. Nach Bansin sind es ca. drei Kilometer, also hatten wir die Entfernung gut geschätzt. Die alten Gebäude des Stellplatzes gehörten schon zum ehemaligen Zeltplatz und sind etwas in die Jahre gekommen. Sehr schön sind die ruhige Waldlage und die gebotenen ausgeschilderten Rundwanderwege. Wussten Sie schon, dass der Baltisch-Westfälische Jakobsweg an der deutsch-polnischen Grenze auf Usedom beginnt? Die Via Baltica ist der nördlichste Weg der Ost-West-Verbindungen in Deutschland und führt Sie von Kamminke über Usedom-Stadt weiter nach Greifswald, Rostock und Wismar bis ins niedersächsische Osnabrück.

Links: historische Bockwindmühle von Pudagla

NEPPERMIN UND WASSERSCHLOSS MELLENTHIN

Bevor es nach Heringsdorf geht, machen wir, auf Empfehlung von Wohnmobilisten aus Speyer, einen Abstecher zum »Fischpalast« nach Neppermin. Ein Stück müssen wir die B111 zurück und dann links in Richtung der Landzunge zwischen Peenestrom und Achterwasser. Kurz danach sehen wir links auf einer Anhöhe eine Mühle, Grund genug für uns, sie näher anzuschauen.

AUSFLUG

RUNDWANDERWEG LANGER BERG

Vom Stellplatz aus folgen wir linker Hand der Beschilderung Richtung Strand. Nach 700 Metern kommen wir aus dem Wald und haben einen wunderschönen Blick über den Strand und auf die spiegelglatte Ostsee. 500 Meter später biegt der Weg wieder in den Wald und wir orientieren uns an dem Schild »Langer Berg«. Uns erwartet ein in leichten Serpentinen verlaufender, 54 Meter hoher Anstieg, dem wir Richtung »Gipfel« zunächst geradeaus folgen. An der nächsten Kreuzung geht es links, dem blauen Wegweiser »Mümmelkensee« nach. Die weiteren Richtungsänderungen sind nicht zu übersehen und nach knapp zwei Kilometern stehen wir an dem kleinen Gewässer im gleichnamigen Naturschutzgebiet. An zwei Schutzhütten vorbei, geht es durch den Laubwald ein wenig bergab. An der zweiten Schutzhütte wandern wir links, um nach weiteren 500 Metern wieder zu unserem Startpunkt hinter dem Stellplatz zu kommen.

Info: Rundwanderweg »Langer Berg«, Start-/Zielpunkt 150 m hinter dem Wohnmobilstellplatz, Länge ca. 5 km, Dauer 1,5 bis 2 Stunden, auch für Kinder geeigneter, leichter Weg.

Privater Stellplatz am Fischpalast Neppermin

Die Geschichte der **Bockwindmühle Pudagla** lässt sich bis an den Beginn um 1700 zurückverfolgen. Eine Bockwindmühle steht, wie es der Name schon sagt, auf einem drehbaren Bock und lässt sich mechanisch, besser mit Muskelkraft, an einem Balken in den Wind drehen. Mit dem Balken wird die Mühle dann auch entsprechend stabilisiert. Das Besondere ist, dass sie aufgrund ihres schlechten Zustandes nur durch die Initiative eines Vereins gerettet werden konnte. Dazu wurde sie 1997 komplett zerlegt und nach Rahden in Westfalen zur Sanierung transportiert. Im Oktober 1997 trat die immerhin 65 Tonnen schwere Mühle auf drei Lastzügen den Heimweg an, um seit diesem Zeitpunkt in neuem Glanz zu erstrahlen. Seit der Erweiterung um ein

Sanitärgebäude, einen Kinderspielplatz und ein altes Backhaus erfreut sie die Besucher mit vielen Veranstaltungen. Von Anfang Mai bis Ende September kann sie besichtigt werden (Kontakt: Freunde der Bockwindmühle Pudagla e. V., Zur Reitbahn 8, 17429 Pudagla, Tel. 038378/34872, www.usedom-bockwindmuehle-pudagla.de).

Wieder auf der L 265, geht es nach fünf Kilometern in den kleinen Ort Neppermin. Ohne den Hinweis des Ehepaars aus Speyer wären wir sicherlich geradeaus vorbeigefahren. Schon aus etwas Entfernung sehen wir das Holzgebäude mit dem blauen Anstrich und in großen Lettern steht geschrieben »FISCHPALAST«. Die Parkplätze sind gut belegt, aber wir kommen noch unter. Die Auswahl an frischem Fisch ist riesig, ausgewählt an der Theke, landet er bald darauf in der Pfanne. Zum Mitnehmen gibt es neben frischem Fisch

Der Brückenwächter kassiert den Wegezoll

Innenhof von Schloss Mellenthin

auch eine Auswahl an Räucherfisch. Mit Blick auf das Wasser genießen wir auf der Terrasse eine Fischsuppe und die berühmten Fish and Chips. Der wunderschöne Garten und der Ausblick laden zum Verweilen ein. Das Beste ist: Auf dem Nachbargrundstück entdecken wir einen privaten Stellplatz für drei Wohnmobile, ebenfalls direkt am Wasser. Danke noch mal für die Empfehlung, die wir gern an unsere Leser weitergeben.

WASSERSCHLOSS MELLENTHIN

Im »Fischpalast« bekamen wir eine Flasche Mellenthiner Hell serviert. Auf meine Frage nach der Herkunft wurde uns mitgeteilt, dass es nur wenige Kilometer von hier gebraut wird. Damit steht das nächste Ziel natürlich fest. Auf der Brücke empfängt uns der Zollwächter, um den Brückenzoll einzutreiben.

Das **Wasserschloss Mellenthin** wurde zwischen 1575 und 1580 im Auftrag von Rüdiger von Neuenkirchen erbaut, einem Rat des Herzogs Ernst Ludwig von Pommern-Wolgast. Baumeister war angeblich Antonio Wilhelmi. Der Überrest eines Vorgängerbaus befindet sich abseits davon im Gutspark. Nach dem Aussterben der Familie von Neuenkirchen 1641 und dem Ende des Dreißigjährigen Krieges wurde Johan Axelsson Oxenstierna durch die schwedische Königin Christina mit dem, nun in Schwedisch-Pommern liegenden, Gut betraut. Wenige Jahre später kam Mellenthin in den Besitz des Generals Burchard Müller von der Lühne. Dessen Nachkommen besaßen das Gut bis 1747. Nach einem Konkurs fiel das Gut Mellenthin 1818 an die Familie Wittchow.

Nach der Enteignung der Besitzer nach dem Ende des Zweiten Weltkriegs wurde der Gebäudekomplex von der Gemeinde genutzt, die hier unter anderem Wohnungen, einen Kindergarten und ein Heimatmuseum einrichtete. Im Schloss wurde schon seit Langem eine Gastronomie betrieben. Erst nach der Klärung aller Besitzverhältnisse nahm sich die Familie Fidora im Jahr 2001 der maroden Gebäude an und machte Stück für Stück Mellenthin zu dem, was es heute ist. Inzwischen gibt es hier ein Hotel und seit 2011 auch die Brauerei. Es gibt noch viel zu tun, aber die Eigentümer haben es geschafft, neues Leben in die alten Gemäuer zu bringen. Bei einem Rundgang durch den kleinen Park

Wassergraben um Schloss Mellenthin

kann man gut die Ausmaße der Gutsanlage einschätzen.

HERINGSDORF

Kleine Seitenstraßen geleiten uns zurück nach Heringsdorf. Das Mobilcamp in der Triftstraße wurde 2007 eröffnet und nimmt auch Caravans auf. Preise und Ausstattung gleichen eigentlich dem eines Campingplatzes. Fünf Minuten zu Fuß sind es bis zum Strand, ebenso zur nächsten Einkaufsmöglichkeit. Der Platz ist leider völlig ausgebucht, und das nahezu bis zum Ende der Sommerferien. Vielleicht sollte man dieses schon an der Zufahrt zum engen Wohngebiet kundtun. Wir parken sehr entspannt am Ortsende auf dem Busparkplatz des neuen Bahnhofs und erreichen von hier aus in zehn Minuten zu Fuß die Seebrücke.

Den Wahnsinn um die konkurrierenden Seebrücken in Deutschland hatte sie schon

Public Viewing am Strand

lange gewonnen, den Kampf um die teuerste mit 24 Millionen Euro auch. Die Seebrücke Heringsdorf ist mit 508 Metern die längste bewirtschaftete Seebrücke Europas. Die ursprüngliche Kaiser-Wilhelm-Brücke wurde 1953 und 1958 durch Brandstiftung vernichtet. Der neue Bau wurde am 23. März 1994 begonnen, die Eröffnung fand im Juni 1995 statt. Das aufgesetzte Landgebäude beherbergt eine Reihe von Geschäften, eine Pizzeria und im Obergeschoss mehrere Appartements. Über einen durch eine Glaswand vor Regen und Sturm geschützten Steg gelangt der Besucher zum pyramidenförmigen, nachts illuminierten »Brückengebäude«, in dem zwei Restaurants Platz gefunden haben.

Sehen und gesehen werden: Beim Spaziergang vorbei an den Prunkbauten wird spürbar, was bei der Berliner High Society des ausgehenden 19. und beginnenden 20. Jahrhunderts als schick galt. Adel und Geldadel, Künstler wie Lyonel Feininger, Musiker wie Johann Strauß oder Schriftsteller wie Maxim Gorki, Theodor Fontane, Leo Tolstoi oder Thomas Mann zog das mondäne Kaiserbad allsommerlich in seinen Bann. Selbst Kaiser Wilhelm II. kam gern auf einen Tee in Heringsdorf vorbei. Als »Badewanne der Berliner« beschrieb Heinrich Mann das Seebad in den 1930er-Jahren. Auch er war nur zu gern Gast hier.

Seit dem Jahr 1990 gehört Heringsdorf zum Land Mecklenburg-Vorpommern. Nach

Europas größte Seebrücke in Heringsdorf

SPECIAL

KÜSTENRADWEG BIS SWINEMÜNDE

Über nahezu die gesamte Ostseeküste der Insel Usedom zieht sich der wohl schönste Radweg entlang: Von Peenemünde bis in die westpolnische Hafenstadt Swinemünde (Swinoujscie) führt die 50 Kilometer lange Strecke, die mit EU-Mitteln gefördert wurde. Der Streckelsberg bei Koserow, Pagelunsberge bei Ückeritz und der Lange Berg bei Bansin bieten ein für den ungeübten Radfahrer anspruchsvolles Programm mit Steigungen und Gefällen. Der Radweg ist sehr gut ausgebaut und enthält eine ganze Reihe spektakulärer Aussichten über die Ostsee. Der stete Wechsel von Steil- und Flachküste sowie die verschiedenartige Küstenvegetation tragen ebenso zu der eindrucksvollen Radtour bei wie die vielen atemberaubenden Ausblicke über die Weite der Ostsee. Von Peenemünde kommen wir zunächst in das Ostseebad Karlshagen. Von dort aus zieht sich der Weg immer an der Ostseeküste entlang und führt über Trassenheide, Zinnowitz, Zempin, Koserow, Loddin, Ückeritz über den Langen Berg in die Kaiserbäder. Die Strandpromenaden der Ostseebäder bieten immer wieder Gelegenheit zum Ausruhen und Rasten. Vom östlichen Rand Ahlbecks dann gelangt man schließlich nach Swinemünde. In jedem Ort hat man die Gelegenheit, die Fahrt abzubrechen und auf die Usedomer Bäderbahn umzusteigen.

der Wende begann 1991 die Sanierung des Ortskernes. Am 1. Januar 2005 schlossen sich die drei Ostseebadeorte Ahlbeck, Heringsdorf und Bansin zu den Dreikaiserbädern zusammen. 2006 wurde Heringsdorf in »Ostseebad Heringsdorf« umbenannt. Von 1994 bis 2011 gehörte die Gemeinde Heringsdorf zum Landkreis Ostvorpommern, der 2011 im Landkreis Vorpommern-Greifswald aufging.

Von Heringsdorf aus haben Sie die Gelegenheit, einen Ausflug hinter die polnische Grenze nach **Swinemünde** zu unternehmen. Die ersten Meter führen leider nur entlang des Grenzmarktes, der aus Hunderten von Buden fliegender Händler besteht, wo vor allen Dingen Zigaretten, Alkohol und Sportbekleidung aller Marken angeboten werden. Bei der Preisgestaltung derselbigen möchte jeder für sich selbst entscheiden, welcher Herkunft diese Artikel sind. Das moderne Swinemünde ist architektonisch im 70er-Jahre Stil erbaut und zum Teil sehr heruntergekommen. Lediglich der Teil zur Strandpromenade ist sehr schön saniert und verrät etwas über die mondäne Vergangenheit dieses Badeortes.

STADT USEDOM

Jetzt bewegen wir uns schon eine ganze Weile auf der Insel Usedom, dass es auch die **Stadt Usedom** gibt, ist den wenigsten bekannt. Die ca. 1900 Einwohner sind sehr auf das Ortsbild ihrer kleinen Stadt bedacht und freuen sich über alle Besucher, die nicht einfach auf der B 110 vorbeifahren.

Sobald Sie durch das Anklamer Tor – das Wahrzeichen der im 13. Jahrhundert gegründeten Stadt Usedom – kommen, präsentiert sich eine sowohl geschichtsträchtige als auch geruhsame Stadt. Der mittelalterliche Ortskern präsentiert sich mit liebevoll herausgeputzten Häusern, gemütlichen Cafés und zahlreichen einladenden Geschäften. Wer mehr über die Stadtgeschichte erfahren will, besucht die Heimatstube im Anklamer Tor.

Domkes Fischpavillon hält, was er verspricht.

Naturcamping Lassan

Dort werden zwischen Mai und September auch Stadtrundgänge angeboten, die die Historie lebendig werden lassen. Denn der Schließer des Stadtkerkers kennt viele interessante Geschichten und zahlreiche Geheimnisse, die sich um die Stadt Usedom und ihre Bewohner ranken.

Die Stadt Usedom liegt eingebettet zwischen Peenestrom, Achterwasser, Usedomer See und Kleinem Haff. Die umgebende Landschaft verspricht ruhige Idylle pur, vor allem südlich von Welzin, im Usedomer Winkel. Die Dörfer und Ortschaften haben nichts von ihrer Ursprünglichkeit verloren, und so gibt es Tiere in der Umgebung zu beobachten, die man nicht mehr häufig sieht, beispielsweise Störche.

Verpassen Sie nicht, die auch bei Einheimischen sehr beliebte Pilgerstube im ehemaligen Norddeutschen Hof aufzusuchen. Es gibt Naturprodukte, Käse, Wein und zur Kaffeezeit leckeren selbst gemachten Obstkuchen, darüber hinaus kann man Kunstobjekte erstehen.

Wer im Anschluss noch ein wenig Zeit hat, kann von hier aus einen Abstecher ins fünf Kilometer weiter gelegene Karnin machen. Allein der Weg über die alte Landstraße ist schon ein Erlebnis und am Ende wird man mit einem Blick auf das Mittelteil der historischen Eisenbahnhubbrücke belohnt.

Die Hubbrücke Karnin ist der mittlere Teil der **Karniner Brücke**, einer ehemals etwa 360 Meter langen Eisenbahnbrücke zwischen

Heringsdorf
größte Seebrücke
10 km K65
Stadt Usedom
Anklamer Tor
Café Pilger Stube
L265
21 km B110
Lassan
Naturcamping
Peenestrom
20 km B110
Anklam
Stellplatz Hafen
Altstadt
Otto-Lilienthal-Museum
16 km B110
Ziel

Mildes Ostseeklima auch für Papageien

dem pommerschen Festland bei Kamp und der Insel Usedom bei Karnin. Das Brückenbauwerk wurde 1933 fertiggestellt; es war Bestandteil der über Swinemünde führenden Bahnstrecke Ducherow–Heringsdorf–Wolgaster Fähre, die heute nur noch zwischen Swinemünde und Wolgast existiert und betrieben wird.

Die Überbauten beiderseits des beweglichen Hubteils wurden 1945 zerstört. Der Hubteil der Brücke steht seit Kriegsende als unverändertes Fragment und als technisches Denkmal mitten im Strom, dem inneren Küstengewässer, das das Stettiner Haff mit dem Peenestrom verbindet.

Wir möchten für die Übernachtung wieder auf das Festland »übersetzen« und auf die gegenüberliegende Seite der Insel an den Peenestrom wechseln. Wir verlassen daher die B110 bei Pinow und fahren die wunderschöne Landstraße über Klotzow, Jamitzow und Buggenhagen. Es ist eine Augenweide, die in voller Ähre stehenden Weizenfelder mit ihren vielen blühenden Kornblumen zu sehen. Schon wenige Meter von der Bundesstraße entfernt ist man in einer anderen Welt! Ziel für uns ist der am Ende von Lassan gelegene Naturcampingplatz.

NATURCAMPING LASSAN

Die ursprüngliche slawische Fischersiedlung Lassan ist eine der kleinsten Städte Deutschlands. Ihr Name leitet sich ab von »Lesane«, wie man einst die umgebende Landschaft bezeichnete. Der Ort mit einer Burg im Mittelpunkt fand erstmals 1136 urkundliche Erwähnung. Ab 1200 legten die Herzöge von Pommern den Ort planmäßig an und er erhielt zwischen 1264 und 1278 das Stadtrecht. Aufgrund der günstigen Lage am Peenestrom erreichten Hafen und Stadt schnell Bedeutung. Die große Hallenkirche St. Johannis (um 1291) wurde gebaut.

Ende des 19. Jahrhunderts wurde die Anklam-Lassaner Kleinbahn in Betrieb genommen, wodurch eine bessere Anbindung an das Umland gewährleistet war. Das erste Strandbad von Lassan wurde allerdings erst 1929 eröffnet.

Durch die Städtebauförderung konnte vieles der historischen Bausubstanz, so auch Kirche, Rathaus und Stadtmauer, ab 1991 von Grund auf saniert werden. Der Wasserwanderrastplatz entstand und der kleine Hafenplatz wurde ausgebaut. Lassan ist der östlichste Punkt der **Ferienstraße Vorpom-**

SPECIAL

ANGELN AM AMAZONAS DES NORDENS

»Die Peene und der Peenestrom haben, was Raubfischangler begehren: Barsche und Hechte, Zander und Rapfen, Aale und Welse. Und dieses All-inclusive-Raubfischpaket gibt es eingebettet in die atemberaubende Natur des größten intakten Niedermoores Westeuropas«, so beschreibt das Fachmagazin Der Raubfisch das Angelrevier. Haben Sie Lust, das Angeln einmal auszuprobieren? In Mecklenburg-Vorpommern können auch Interessierte ohne Angelschein ihr Glück, unter Anleitung eines Angellehrers, probieren. Der Naturcampingplatz ist der ideale Start- und Zielort Ihrer Angeltour. Mit dem Angelboot bringt man die Beute am Schluss selbst an Land. Ebenso fachkundig wird der Fisch dann zerlegt und gemeinsam zubereitet. Auskunft erteilen die Betreiber des Naturcampings, Sabine Weidle und Jürgen Arlt.

mersche Dorfstraße und liegt am Jakobsweg Via Baltica, den wir bereits erwähnten.

Wollen Sie Ihren Urlaub in ursprünglicher Landschaft, fernab von Alltagsstress und Tourismushektik in freundlicher und ungezwungener Atmosphäre verbringen? Wollen Sie angeln, Wassersport treiben, Rad fahren, wandern oder einfach nur die Ruhe genießen? Dann sind Sie beim **Naturcampingplatz Lassan** genau richtig. Ankommen, Motor abschalten und entspannen. Luxus ist hier die Weite der Natur, himmlische Ruhe und Zeit für Dinge, die man schon so lange tun wollte. Wie so oft, ist auch dies ein ehemaliges NVA-Gelände, wo nicht alles perfekt ist. Dafür sind die Betreiber doppelt bemüht, wenn es darum geht, die Wünsche ihrer Gäste zu erfüllen. Hier gibt es keine Platzvorgabe. Im oberen Teil können auch große Wohnmobile stehen, in den unteren Wiesen, die direkt an das Ufer grenzen, stehen besonders kompakte Mobile gut.

Es gibt eine schöne Badestelle mit Liegewiese und abends kocht der Chef Jürgen persönlich. Die Wassersportschule auf dem Naturcampingplatz bietet Surfkurse, Stand-up-Paddling und vieles mehr, was Spaß auf und am Wasser macht. Kajaks, Angelboote mit und ohne Motor und Tretboote können hier ausgeliehen werden. Besonders gefallen

Blick von der Peenebrücke zum Stellplatz am Hafen

Marktplatz mit Stadttor

hat uns das abendliche Beisammensein mit Gleichgesinnten am Lagerfeuer.

HANSESTADT ANKLAM

Nach der Einfahrt in die Stadt parken wir am Hafen (N 53°51'36,5" / E 13°41'23,7") und erreichen von hier über die Peenebrücke die Innenstadt zu Fuß in acht Minuten. Man darf hier ohne jede Versorgung eine Nacht stehen bleiben.

Auch wenn sie nicht direkt am Meer liegt, machte die gute Befahrbarkeit der Peene **Anklam** zur Hansestadt. Der 1283 erfolgte Beitritt Anklams in den Hansebund ist für die Stadt von entscheidender Bedeutung. Die Seefahrt entwickelte sich aufgrund der neuen Rechte und der sicheren Seewege. Bis vor die schwedische Küste wurde Heringsfang betrieben. Die Fänge salzte und lagerte man in einer Handelsniederlassung der Stadt auf der schwedischen Halbinsel Schonen. Der Handel mit dem Salzhering dehnte sich weit ins Landesinnere aus. Auch nach Polen, Russland, Holland und Frankreich wurde geliefert. Ferner wurde mit Getreide, Tuch, Leder, Wachs, Wein, Bier, Holz und Tieren in nicht unerheblichem Maße gehandelt.

Im Laufe der Zeit ließen sich immer mehr Kaufleute und Handwerker in Anklam nieder und die Stadt kam zu Wohlstand und Ansehen. Gewaltige Kirchenbauten wurden bereits im 13. Jahrhundert begonnen. Weitere Bauetappen folgten über die Jahrhunderte.

Anklam wird eine der reichsten Städte Pommerns und besitzt als eine der ersten unter ihnen eine Fernwasserleitung, die aus Jargelin unter dem Flussbett der Peene hindurch Quellwasser bis auf den Markt führt. Mit dem Beginn des Dreißigjährigen Krieges 1618 wurde der Aufstieg der Stadt jedoch nachhaltig gestört. Die Stadt war wiederholten Belagerungen und Beschießungen durch schwedische und preußische Truppen ausgesetzt. Im Nordischen Krieg 1713 sollte Anklam auf Befehl des russischen Zaren zur Wiedergutmachung für die Verbrennung Altonas durch die Schweden wie Garz und Wolgast geplündert und angezündet werden. Durch einen Zufall trat eine Verzögerung ein. Die Stadt wurde gerettet.

Die Hansestadt Anklam hat heute rund 12 000 Einwohner und ist zu Recht besonders stolz auf den berühmtesten Sohn der Stadt, **Otto Lilienthal**. Er wurde am 23. Mai 1848 hier geboren und verstarb 1896 in Berlin. Damit haben wir auch die Frage beantwortet, warum ein Anklamer Bürger mit seltsamen Fluggeräten durch die Rhön geflogen ist!

Lilienthal war wohl der erste Mensch, der erfolgreich und wiederholbar Gleitflüge mit einem Flugzeug (Gleitflugzeug) absolvierte und dem Flugprinzip »schwerer als Luft« damit zum Durchbruch verhalf. Seine experimentellen Vorarbeiten und ersten Flugversuche ab 1891 führten zur bis heute gültigen physikalischen Beschreibung der Tragfläche. Die Produktion des Normalsegelapparates in seiner Maschinenfabrik in Berlin war die erste Serienfertigung eines Flugzeugs. Sein Flugprinzip war die Umsetzung von Lageenergie in Auftrieb und Vortrieb (Gleitflug). Sie wurde von den Brüdern Wright zum Prinzip des angetriebenen Flugzeugs weiterentwickelt.

Auf keinen Fall sollte man sich die Ausstellung in der Anklamer Nikolaikirche entgehen lassen. Sie zeigt die verschiedenen Fluggeräte im Maßstab 1:1, und das im illuminierten Licht der Kirchenfenster – ein wirkliches Schauspiel. Ergänzt wird das Ganze

Faszinierend: Otto-Lilienthal-Museum in der Nikolaikirche

mit Originalaufzeichnungen und Bildern des Flugpioniers, der sein ganzes Leben diesem einen Ziel gewidmet hat.

Von der rund 700 Jahre alten Nikolaikirche ist es nicht weit zum Marktplatz, wo Sie auch das Rathaus mit der Touristeninformation finden. Hier erhalten Sie kostenlos die Stadtführung »Route Grün«, die auf einem wunderschönen Rundgang durch die Altstadt leitet. Darin sind auch Tipps zur Einkehr in historischen Gasthäusern enthalten.

Die deutsche Ostseeküste mit dem Wohnmobil von Flensburg bis nach Anklam zu bereisen war eine herausfordernde Route, die uns in viele schöne Küstenabschnitte geführt hat. Wir wissen, dass es nicht immer leicht ist, für jeden das Richtige zu finden. Die getroffene Auswahl kann keinen Anspruch auf Vollständigkeit haben, und das wollen wir auch nicht. Schließlich sollen Sie Ihren Urlaub so gestalten, wie es sich für Wohnmobilfahrer gehört: individuell und flexibel.

PRAKTISCHE HINWEISE

TOURISTINFORMATIONEN

Greifswald-Information
Am Markt (im Rathaus), 17489 Greifswald,
Tel. 03834/521380, www.greifswald.de

Touristinformation Karlshagen
Hauptstr. 4, 17449 Ostseebad Karlshagen,
Tel. 038371/554910,
www.karlshagen.de/touristinformation

Stadt-Information Usedom
Markt 7, 17406 Usedom, Tel. 038372/70890,
www.insel-usedom.net/kurverwaltungen

Anklam-Information
Markt 3, 17389 Anklam, Tel. 03971/835154,
www.anklam.de

CAMPING- UND STELLPLÄTZE

S 500 **Caravan Camping »Am Museumshafen«** (S. 174 B3)
Marienstr. 9, 17489 Greifswald,
Tel. 0176/62785485, www.ferien-fasten.de
GPS-Daten: 54.098246, 13.389200
Gebührenpflichtiger Stellplatz für 20 Mobile mit Strom, Dusche, WC und Entsorgung unmittelbar an der Altstadt, auf dem Gelände einer Bootswerkstatt im Hafen. Ebener Untergrund aus Betonplatten und Schotter. Geöffnet: Mitte März bis Oktober.

C 501 **Campingplatz Dünencamp** (S. 174 D2)
Zeltplatzstr., 17449 Ostseebad Karlshagen,
Tel. 038371/20291, www.karlshagen.de/duenencamp
GPS-Daten: 54.116786, 13.847304
Der Name ist Programm. Naturbelassenes, teils tiefsandiges, lang gestrecktes und schmales Dünengelände im lichten Kiefernwald. 5-Sterne-Camping. Ganzjährig geöffnet.

S 502 **Wohnmobilstellplatz Yachtlieger Achterwasser** (S. 175 E3)
Kirchstr. 5, 17440 Lütow-Netzelkow,
Tel. 038377/40575,
GPS-Daten: 54.026850, 13.910152
Sehr schöner, ruhiger Stellplatz für 20 Mobile im Privathafen auf der Halbinsel Gnitz. Sanitäranlagen und Strom, Ver- und Entsorgung. Restaurantschiff mit warmer Küche bis 22 Uhr. Brötchenservice, Fahrrad- und Pkw-Verleih. Ganzjährig nutzbar.

S 503 **Wohnmobilstellplatz Koserow »Imbiss Autokino Usedom«** (S. 175 E3)
An der B111, 17459 Koserow
Tel. 038375/24104, www.insel-kinos.de

Zweckmäßig: der Stellplatz am Museumshafen in Greifswald

Naturnah stehen am Campingplatz in Karlshagen

GPS-Daten: 54.063402, 13.981491
Uriger Platz auf Wiese im Halbkreis vor der Autokino-Leinwand. Strom, Dusche und WC, Ver-/Entsorgung, WLAN und Imbiss. Ganzjährig nutzbar, der Imbiss hat nur von März bis Oktober geöffnet. Kinovorführungen von Juni bis Oktober. Hunde willkommen. Zum breiten Strand muss die Straße gequert werden.

C 504 **Naturcamping Hafen Stagnieß** (S. 175 F3)
Hafenstraße 10a, 17459 Ückeritz,
Tel. 038375/20423, www.camping-surfen-usedom.de
GPS-Daten: 54.001977, 14.046541
Der Platz besitzt ca. 200 Plätze, davon 50 für Mobile auf drei Ebenen, großzügig und nicht parzelliert. Sehr ruhig. Der Imbiss ist reichhaltig sortiert. Sanitäranlage mit Waschmaschine und Trockner.

S 505 **Wohnmobilstellplatz Waldparkplatz Bansin** (S. 175 F3)
Am Heuberg 1, 17429 Seebad Bansin
Tel. 038378/29248, www.ostsee-camping-bansin.de
GPS-Daten: 53.987107, 14.112087
Gebührenpflichtiger Stellplatz für 80 Mobile. Eingezäuntes, parzelliertes Gelände mitten im Wald. Ebener Sand- und Wiesenuntergrund. Sanitäranlage und Kiosk am Platz. 350 Meter bis zum Strand. Stromanschluss, Frischwasser, Entsorgung, WC und Duschen. Hunde erlaubt.

C 506 **Mobilcamp Heringsdorf** (S. 175 F4)
Triftstr. 10 a, 17424 Seebad Heringsdorf,
Tel. 038378/498073, www.mobilcamp-heringsdorf.de
GPS-Daten: 53.962098, 14.152021
Das Mobilcamp für Wohnmobile und Caravans liegt in einer Seitenstraße. Die Anlage ist neu angelegt, verfügt über alle Annehmlichkeiten eines modernen Wohnmobilparks und die einzige Gelegenheit, in Heringsdorf als Camper ein Plätzchen zu finden.

S 507 **Wohnmobilstellpatz Rauthe** (S. 175 F4)
Waldstr. 7, 17419 Ahlbeck,
Tel. 0152/06741742,
www.wohnmobil-stellplatz-ahlbeck.de
GPS-Daten: 53.937400, 14.187061
Der Platz ist im Ortszentrum in der Nähe des Bahnhofs. Duschen ist gegen Extragebühr möglich. In der Hauptsaison stehen die Wohnmobile hier sehr eng und die Geräusche des nahe gelegenen Bahnhofs lassen sich nicht verleugnen!

C 508 **Naturcampingplatz Lassan** (S. 175 E4)
Garthof 5, 17440 Lassan,
Tel. 038374/559951, www.campingplatz-lassan.de
GPS-Daten: 53.947640, 13.857609
Direkt am Peenestrom/Achterwasser auf naturbelassenem, teilweise sehr unebenem Gelände befinden sich großzügige, nicht parzellierte Stellplätze – unter Bäumen mit und ohne Schatten auf der Wiese. Die Campinganlage besitzt einen kleinen, feinen Sandstrand, der Spielplatz ist in unmittelbarer Nähe.
Die Sanitäranlagen sind eher einfach. Auf dem Platz befindet sich eine nette Gaststätte mit kleinem Laden und Brötchenservice. Tipp: Jeden Freitag gibt es fangfrischen Fisch und ein Lagerfeuer.

Die weiten Strände
der Ostsee

» REISE-INFORMATIONEN VON A BIS Z

Keinen Meter weiter! Traumlage in Netzelkow

ANGELN

In Mecklenburg-Vorpommern und Schleswig-Holstein wurde der Touristenfischereischein eingeführt. Damit ist es Touristen und Einheimischen gestattet, ohne eine abgelegte Angelprüfung an der Küste und in den Binnengewässern zu angeln. Der Schein gilt für einen zusammenhängenden Zeitraum von 28 Tagen.

In Mecklenburg-Vorpommern kostet der Touristenfischereischein einschließlich Fischereiabgabe und einer Informationsbroschüre über Rechtsgrundlagen, Ordnung, Ausübung und Umgang mit Fischen 24 Euro.

In Schleswig-Holstein betragen die Kosten für den Touristenfischereischein lediglich 10 Euro. Auch darin sind die Fischereiabgaben, die Informationsbroschüre über Rechtsgrundlagen, Ausübung, Ordnung und Umgang mit Fischen enthalten.

Im Bodden findet der Hobby-Angler hauptsächlich Hecht, Barsch, Aal, Hering, Lachs, Hornfisch, Forelle und Plattfisch.

BEHINDERUNG/WOHNMOBILFAHRER MIT HANDICAP

Die Ostseebäder haben sich auf die speziellen Bedürfnisse von Menschen mit einer Behinderung eingestellt. Auch viele Campingplätze sind auf Wohnmobilreisende mit Behinderung vorbereitet und verfügen über rollstuhlgerechte Sanitäreinrichtungen und Zuwegungen. Auch sind die meisten Touristenorte mit behindertengerechten Strandzugängen und Wegen, oftmals bis kurz vor die Wasserkante, ausgebaut, sodass Rollstuhlfahrer problemlos direkt ans Wasser fahren können. Auf dem Ostseeportal finden Menschen mit Handicap alle nötigen Informationen (www.ostsee-portal.info).

CAMPINGPLATZ UND WOHNMOBILSTELLPLATZ

Auf vielen Stellplätzen ist die Nutzung der Markise und Campingmöbel aus Platzgründen nicht gestattet. Oft ist die Anzahl zugelassener Stellplätze von einer solchen Erlaubnis abhängig (bzw. verringert sich dadurch erheblich) und andere Wohnmobile finden dann unter Umständen keinen Platz mehr.

ENTSORGUNGSSTELLEN FÜR WOHNMOBILE

Eine Entsorgung für Wohnmobile ist grundsätzlich nur an extra gekennzeichneten Entsorgungsstellen erlaubt. Abwasser darf nicht an Regenwasserabläufen am Straßenrand entsorgt werden. Es gibt inzwischen auch Toilettenentsorgungen, die für Chemietoiletten jedoch nicht erlaubt sind.

ESSEN

Fischesser kommen an der Ostsee voll und ganz auf ihre Kosten. An jeder Ecke und vor allem in jedem Hafen gibt es an kleinen Fischbuden leckere Fischbrötchen. Besonders beliebt sind Matjesbrötchen und Schollenfilet. An der schleswig-holsteinischen Küste findet man eine ganz besondere Spezialität: den Schnüsch. Das ist ein herzhafter Gemüseeintopf, meist bestehend aus Kartoffeln, Erbsen, Bohnen, Möhren und Katenschinken, zu dem Hering serviert wird. Auch die Zingster Steckrübensuppe sollte jeder Urlauber einmal probieren, sie schmeckt köstlich.

Der beste Backfisch der Reise in Travemünde am Hafen

FKK-URLAUB

An der deutschen Ostseeküste hat hüllenloser Urlaub eine lange Tradition. Zwischen Glücksburg bei Flensburg und Heringsdorf auf Usedom ist Baden und Sonnen im Adams- bzw. Evakostüm an fast 50 Stränden möglich. Zahlreiche Campingplätze verfügen über eigene FKK-Bereiche und einige wenige Campingplätze sind sogar ausschließlich auf FKK-Urlauber eingestellt. Infos unter www.fkk-camping-ostsee.de.

GESCHWINDIGKEITEN FÜR WOHNMOBILE

Für Reisemobile bis 3,5 Tonnen gelten in Deutschland die gleichen Regeln wie für

Restaurant Strandhuis in Wackerballig

Auch für uns ist viel Platz.

Pkws, das heißt: Außerhalb geschlossener Ortschaften sind 100 km/h zulässig, auf Autobahnen darf die Geschwindigkeit, sofern keine Begrenzung vorliegt, frei gewählt werden. Innerhalb geschlossener Ortschaften kann auf mehrspurigen Fahrbahnen der Fahrstreifen frei gewählt werden.

Für Reisemobile von 3,5 bis 7,5 Tonnen gilt: Außerhalb geschlossener Ortschaften sind 80 km/h erlaubt, auf Autobahnen und Kraftfahrstraßen sind maximal 100 km/h zulässig.

Reisemobile über 7,5 Tonnen sind auf Autobahnen und Kraftfahrstraßen übrigens auf 80 km/h beschränkt, außerorts gilt Tempo 60.

Reisemobile über 3,5 Tonnen müssen zur üblichen Notfallausrüstung eine stationäre Warnlampe mitführen.

GRILLEN

»Camping ohne Grillen ist kein Camping«, heißt es in Camperkreisen, allerdings gibt es Einschränkungen. Bei warmem, trockenem Wetter oder viel Wind kann das Grillen aus Sicherheitsgründen untersagt werden. Auf vielen Campingplätzen ist das Grillen mit Holzkohle generell verboten. Das Grillen auf einem Gasgrill hingegen ist immer erlaubt. Grillen über einem offenen Lagerfeuer ist immer nur an ausgewiesenen Feuerstellen zulässig.

HUNDE

Die Ostseeküste ist mit ihren weitläufigen Stränden und den großzügigen Wäldern ein Traum für jeden Hund. In der Nebensaison

An der Steilküste von Bliesdorf

Super Service: mit dem Rad über die Insel

darf Hund in den meisten Orten an der Ostsee uneingeschränkt am Strand laufen, toben und schwimmen. In der Hauptsaison (meistens etwa Mitte Mai bis Anfang Oktober) sind dafür spezielle Strandabschnitte ausgewiesen. Die Hundestrände grenzen häufig an den bewachten Badebereich an, befinden sich also etwas außerhalb der Ortsmitte.
Auf den Promenaden und in den Ortschaften herrscht – wie üblich in Deutschland – Leinenpflicht. Auf den Wohnmobilstellplätzen und auf den meisten Campingplätzen sind Hunde erlaubt.

INFORMATIONEN

Alles Wissenswerte zu aktuellen Veranstaltungen oder Ausflugszielen sowie Rad- und Wanderkarten erhält man auf den einschlägigen Internetseiten der Region, z. B. www.ostsee.de oder www.ostsee24.de. Jede Gemeinde, ja fast jeder noch so kleine Ort hat zudem eine Touristeninfo. In den Sommermonaten ist diese täglich, auch sonntags, geöffnet.

KRANICHBEOBACHTUNG

Kranichbeobachtungen in der Boddenlandschaft sind sowohl im Frühjahr als auch im Herbst möglich. Der Graue Kranich (Grus grus) legt während des Frühjahrszuges im Februar und Anfang März in Deutschland eine Pause ein. Am besten lassen sich die Vögel jedoch auf dem Herbstzug Richtung Süden beobachten, wenn sie sich im Oktober und November in der Vorpommerschen Boddenlandschaft zur Rast niederlassen.

MÜNZEN

Es ist sehr ratsam, immer einen kleinen Vorrat an Münzgeld dabeizuhaben. An vielen Wohnmobilstellplätzen ist die Platzgebühr an einem Automaten zu entrichten. Dies gilt ebenso für die Entnahme von Wasser sowie die Nutzung der Entsorgung oder der Stromsäulen.

ÖFFENTLICHE VERKEHRSMITTEL

Die Ostsee mit Bus und Bäderbahn zu erkunden ist ein entspanntes Vergnügen. Zwischen allen größeren Orten verkehren regelmäßig Busse. Jede Ostseestadt hat zudem ihre eigene Bäderbahn, die nur innerhalb ihres eigenen Stadtgebietes fährt. Im Gegensatz zum »Rasenden Roland« darf man die Bäderbahn mit einer Kurkarte kostenlos nutzen. Der »Rasende Roland« ist eine kohlebetriebene Dampflokomotive, die fast durch alle großen Städte an der Ostsee fährt.

Zusätzlich bedient sie die Strecke zwischen Sellin und Göhren.

Mee(h)r Strand geht nicht für einen Hund.

Auch für die Kombination »Fahrrad plus Bus« ist an der Ostseeküste bestens gesorgt. In der Region Vorpommern pendeln Linienbusse mit Fahrradanhänger zwischen Ribnitz und Barth über die (Halb-)Inseln Fischland, Darß und Zingst – täglich und fast im Stundentakt. Die Busstrecke läuft parallel zum Ostseeküsten-Radweg, sodass müde Radfahrer jederzeit zusteigen können. Vorteil des Anhängersystems: Auch schwere E-Räder und Fahrradanhänger können befördert werden. Auf der Insel Rügen heißt dieses System RADzfatz-Bus. Von fast jedem Punkt auf der Insel kann man in die Linienbusse einsteigen und das Rad mitnehmen. Die Fahrradanhänger bieten bis zu 16 Fahrrädern Platz. Die RADzfatz-Busse sind während des gesamten Sommerfahrplans für Sie im Viertelstundentakt unterwegs, im Mai und Oktober im Halbstundentakt.

Die Schleiprinzessin im Hafenbecken von Kappeln

OSTSEEKLIMA

An der Ostsee herrscht das gesunde Reizklima, welches Atemwege befreit und das Immunsystem stärkt. In den Frühjahrs- und Frühsommermonaten kann es zu ziemlich stabilen Wetterlagen kommen. Recht wenig Niederschläge werden im Februar und März vor allem in den westlichen Regionen fallen, während an der südlichen Ostsee Ende Juli eine Niederschlagswahrscheinlichkeit von über 70 Prozent erwartet werden muss. So bietet sich also für einen Ostseeurlaub, vor allem auch wegen der langen Tage, der Frühsommer an. Die Insel Usedom ist übrigens mit mehr als 2000 Sonnenstunden im Jahr die sonnenreichste Region Deutschlands.

Das Plöner Schloss thront über dem See.

PARKMÖGLICHKEITEN AN DER OSTSEE

In den touristischen Hochburgen an der Ostsee ist es schwer bis unmöglich, für ein Wohnmobil einen Parkplatz zu finden. Entweder sind alle freien Parkplätze belegt oder die Parkgebühren sind einfach zu hoch. Die gute Alternative ist, das Wohnmobil auf dem Stellplatz oder Campingplatz stehen zu lassen und die öffentlichen Verkehrsmittel zu benutzen. Das Bussystem ist hervorragend und in vielen Gemeinden erhält man mit der Kurkarte auch eine Busfahrkarte. Eine Liste mit (bezahlbaren) Parkmöglichkeiten finden Sie unter www.ostsee24.de/ostsee-urlaub/anreise/parken.

QUALLEN

Quallen kommen das ganze Jahr über in der Ostsee vor. Besonders im Sommer tauchen sie häufig in Schwärmen auf. Da Qual-

Im Hafen von Arnis

Fahrradparadies Ostsee

len keine so guten Schwimmer sind, lassen sie sich von der Meeresströmung und dem Wind treiben. Wenn der Wind also ungünstig steht und die Nesseltiere an den Strand und Hafen treibt, kann es passieren, dass man in einen sogenannten Quallenteppich tritt oder schwimmt.

Die am häufigsten vorkommenden Quallenarten sind die Ohrenqualle und die Feuerqualle. Ohrenquallen sind durchsichtig, ihr augenfälliges Merkmal sind vier weiße oder rosa- bis lilafarbene Ringe auf der Oberseite. Sie können etwa tellergroß werden, sind aber harmlos. Feuer- bzw. Nesselquallen erkennt man an den rotbraun eingefärbten Tentakeln.

»Deichrasenmäher« auf Fehmarn

Auch wenn Nesselquallen ungiftig sind, kann eine Berührung mit den manchmal meterlangen Tentakeln sehr schmerzhaft sein.

RADFAHREN

Fahrräder mitzunehmen ist für die meisten Wohnmobilisten sowieso obligatorisch. An der meistens flachen Ostseeküste mit dem sehr gut ausgebauten Fahrradwegenetz jedoch macht das Fahrradfahren nicht nur viel Spaß, es ist fast schon ein Muss! Vor allem das Bundesland Mecklenburg-Vorpommern gilt als eine der beliebtesten Radfahrregionen des Landes. Die Strecken entlang der Ostsee bieten den Radurlaubern 2500 Kilometer Fernradwege und rund 5500 Kilometer Rundwege. Die zahlreichen Fahrradwege entlang der Ostsee eignen sich sowohl für familiäre Tagesausflüge als auch für einen sportlichen Fahrradurlaub.

STRANDGEBÜHR

Wenn Sie als Tagesgast einfach nur an den Strand gehen möchten, benötigen Sie in der Regel keine Kurkarte. In vielen Ostseebädern stehen am Strandzugang Automaten, an denen man die Strandnutzungsgebühr entrichten kann. Sie ist meistens etwas höher als die Kurtaxe. In der Kurabgabe ist die Strandnutzungsgebühr aber bereits enthalten. Eine Kurkarte bekommt man beim Einchecken auf dem Campingplatz und (falls vorhanden) an der Anmeldung auf den Stellplätzen. Ansonsten bei den Touristeninformationen im Ort nachfragen.

SURFEN UND TAUCHEN

Wie so oft in Deutschland: Was nicht ausdrücklich erlaubt ist, ist verboten. Wassersportler haben sich gemäß den gesetzlichen Bestimmungen über freigegebene Strandabschnitte und Taucheinstiege zu informieren. Die Touristeninformationen geben hierzu gern Auskunft. Außerdem bieten zahlreiche Tauchschulen Bootsausflüge zu versunkenen Schiffen in der Ostsee an.

UMWELTZONE/GRÜNE PLAKETTE

In Schleswig-Holstein und Mecklenburg-Vorpommern gibt es, Stand 31.08.2016, keine Umweltzone.

Das Marine-Ehrenmal in Laboe

Blick zum Darßer Ort am Strand von Prerow

Die neue Wissenswelt auf Fehmarn

UNTERNEHMUNGEN MIT KINDERN

Die breiten weißen Sandstrände und das Spielen und Schwimmen in der flach abfallenden Ostsee sind für die meisten Kinder schon die Hauptattraktion. Aber auch an trüben und regnerischen Tagen kann man mit Kindern extrem viel unternehmen und erleben. Ob Indoor-Abenteuerspielplatz, Erlebnisbauernhof, Kartbahn oder Zoo: Viele Tage können bei dem vielfältigen Angebot problemlos sehr unterhaltsam und spannend gestaltet werden. Außerdem sind die meisten Campingplätze mit eigenen Spielplätzen ausgestattet und viele bieten Kinderbetreuung, Animation und Spiel-&-Spaß-Programme an. In den zahlreichen Naturschutzgebieten und Tierparks können sowohl wilde als auch zahme Tiere beobachtet und oft auch gestreichelt werden.

»Wat isse ne Dampfmaschin«

URLAUB IM WINTER

Immer mehr Stellplätze und Campingplätze haben sich auf Ganzjahres-Wohnmobilfahrer eingestellt und sind auf den Winter gut vorbereitet. Die Wasseranschlüsse sind oft frostsicher verlegt und die Sanitäranlagen gleichen Wellnessoasen. Einige Campingplätze haben auch Wellnesspakete mit Massagen, kosmetischen Behandlungen und vielem mehr im Angebot.

Seit mehreren Jahren sind die Winter an der Ostsee richtig kalt, vor allem auf der Insel Rügen. Selbst im recht warmen Winter 2013/14 war es auf Rügen kälter als im Rest der Republik. Über Wochen hinweg lag über dem Bodden eine geschlossene Eisdecke.

Turmdurchfahrt in Barth: passt doch!

REGISTER

P. S. DA FÄLLT MIR NOCH WAS EIN!

Der Wohnmobil-Reisende hat, wie der Pauschaltourist, in den letzten Jahren verstärkt Deutschland als Reiseland für sich entdeckt. Die Ostseeküste mit ihren endlosen Sandstränden, ihrem abwechslungsreichen hügeligen und bewaldeten Hinterland, den alten Hansestädten mit klangvollen Namen gehört bestimmt zu den Top-Spots unserer Republik. Im Gegensatz zur Nordsee ist man hier nicht von den Gezeiten abhängig, ein schlagendes Argument für zeitunabhängiges Badevergnügen.

Die Küstenlänge Mecklenburg-Vorpommerns beträgt inklusive der Boddenlandschaften ca. 1700 Kilometer und Schleswig-Holstein kommt mit Inseln auf rund 600 Kilometer. Die Zahlen sind etwas schwankend, je nach Berechnungsmodell der Gelehrten.

Wir haben die holsteinische Seite in zwei Abschnitten und die mecklenburgische in drei Abschnitten für Sie bereist und vorgestellt. Somit können Sie individuell entscheiden, ob Sie erholsam eine oder abenteuermäßig mehrere Touren in Angriff nehmen möchten. Denn auch 50 Kilometer mit zwei Besichtigungen oder einer längeren Badepause können für einen Tag durchaus genug sein. Die Streckenleisten am Rand der Seiten sollen Ihnen dabei hilfreich zur Seite stehen. Da wir uns überwiegend auf kleinen Land- und Kreisstraßen bewegen, sind die empfohlenen Reisetage je Abschnitt ebenfalls eine gute Planungshilfe.

Ob Stellplatz für fünf Euro in der Hafenmole oder 5-Sterne-Wellness-Camping für 40 Euro – wir haben versucht, alles zu berücksichtigen, was den Wohnmobilurlaub zu dem macht, was er ist, nämlich die für uns alle schönste und individuellste Reiseform. Viel Schönes haben wir Ihnen gezeigt, fühlten uns aber auch verpflichtet, auf besonders Negatives hinzuweisen, damit die Urlaubstage die beste Zeit des Jahres werden.

Nicht vergessen: Glück kann man sich nicht kaufen, aber ein Wohnmobil, und das kommt dem schon sehr nahe!

Herzliche Grüße

mit Reiseteam Sylke Zimmermann & Sir Henry, dem Bordhund

Ebenfalls erhältlich ...

ISBN 978-3-7343-0895-6

ISBN 978-3-7343-1288-5

ISBN 978-3-7343-1350-9

ISBN 978-3-7343-1306-6

BRUCKMANN

www.bruckmann.de

» STRASSENATLAS

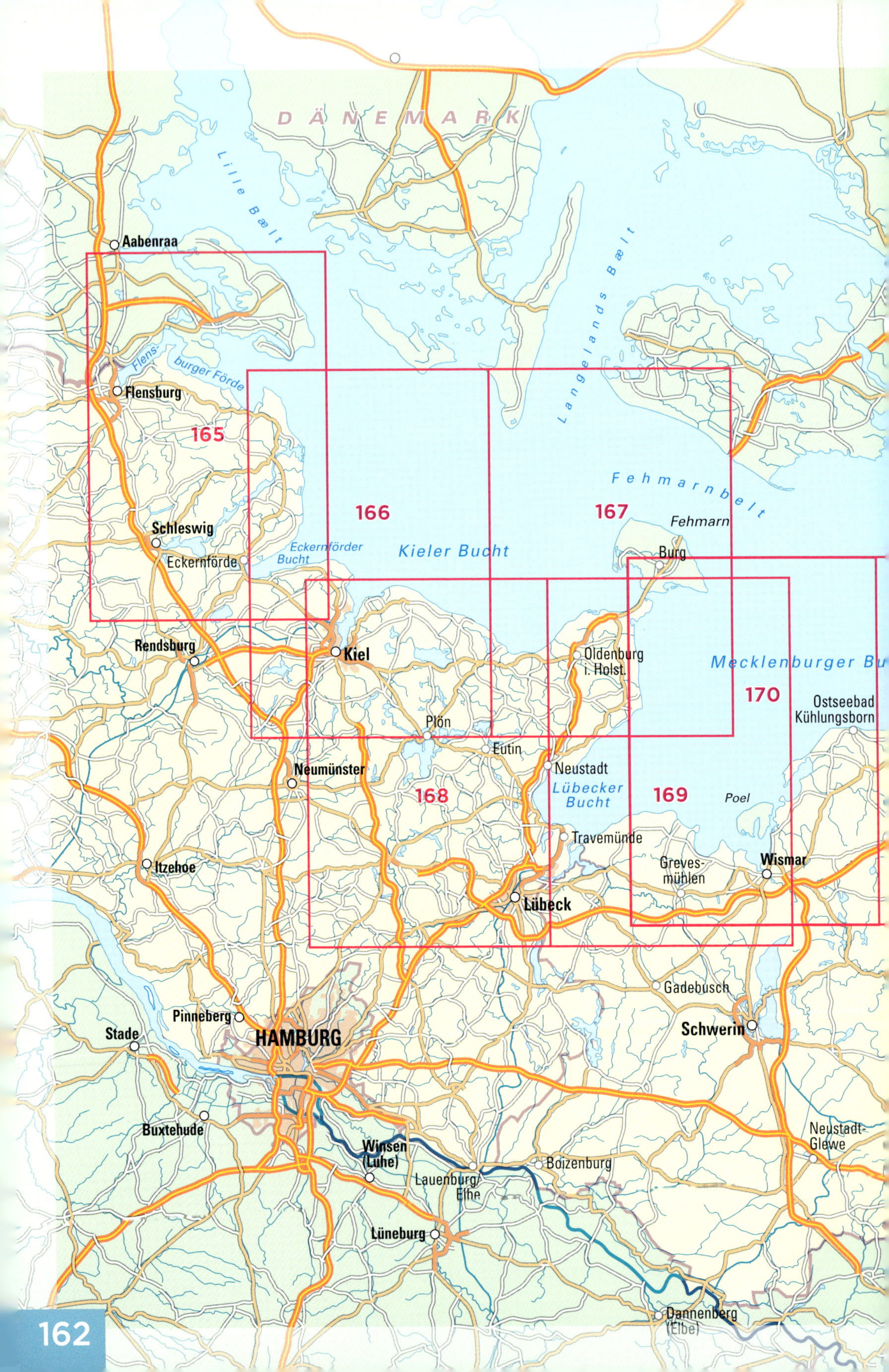
DÄNEMARK
Lille Bælt
Aabenraa
Langelands Bælt
Flensburger Förde
Flensburg
165
166
167
Fehmarnbelt
Fehmarn
Schleswig
Eckernförde
Eckernförder Bucht
Kieler Bucht
Burg
Rendsburg
Kiel
Oldenburg i. Holst.
Mecklenburger Bu
170
Ostseebad Kühlungsborn
Plön
Eutin
Neumünster
Neustadt
Lübecker Bucht
168
169
Poel
Travemünde
Itzehoe
Greves-mühlen
Wismar
Lübeck
Gadebusch
Pinneberg
HAMBURG
Schwerin
Stade
Buxtehude
Neustadt-Glewe
Winsen (Luhe)
Lauenburg/Elbe
Boizenburg
Lüneburg
Dannenberg (Elbe)

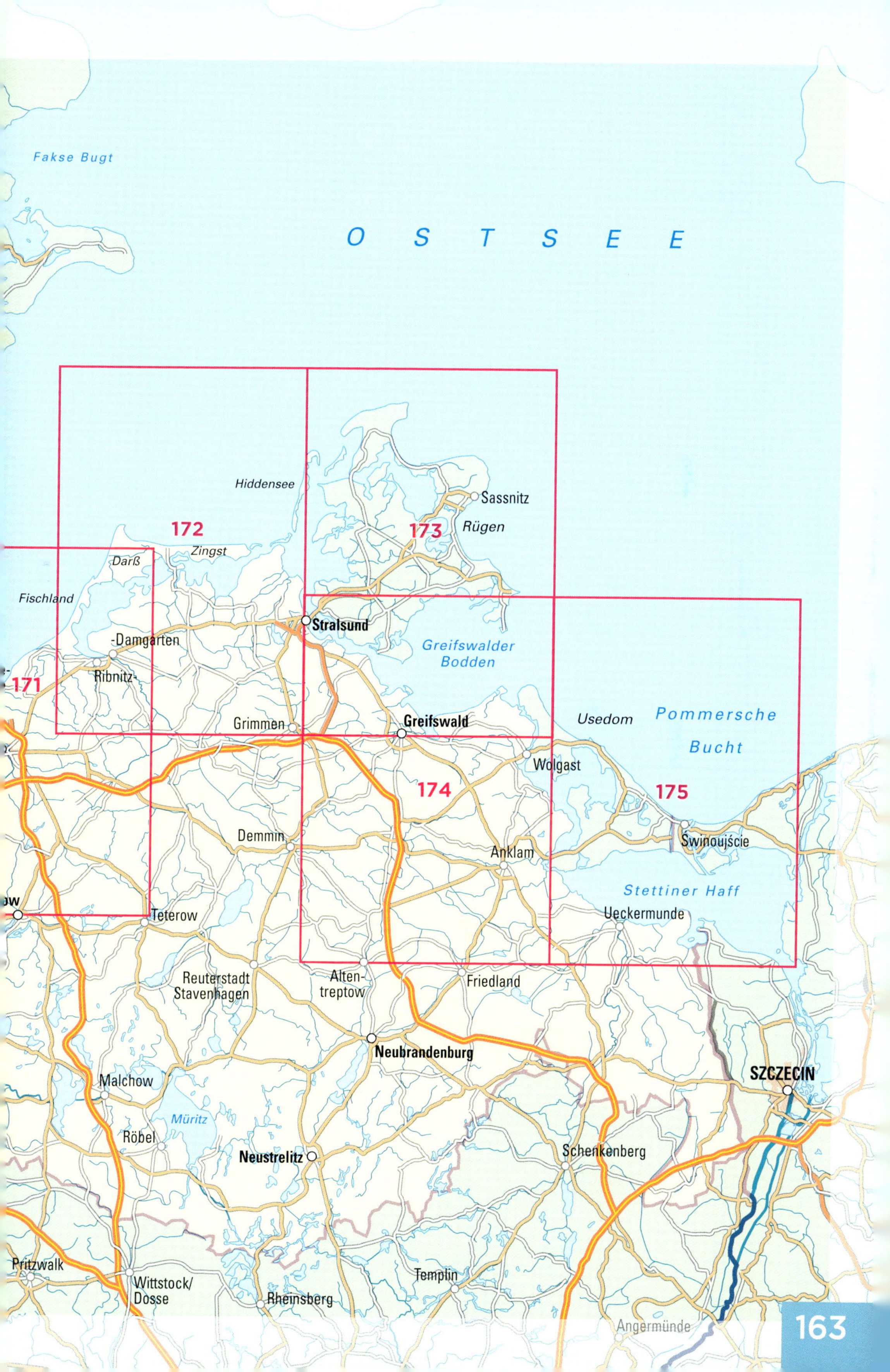

Fakse Bugt
O S T S E E
Hiddensee
Sassnitz
172
173
Rügen
Zingst
Darß
Fischland
Stralsund
-Damgarten
Ribnitz-
Greifswalder
Bodden
171
Grimmen
Greifswald
Usedom
Pommersche
Bucht
Wolgast
174
175
Świnoujście
Demmin
Anklam
Stettiner Haff
Ueckermunde
Teterow
Reuterstadt
Stavenhagen
Alten-
treptow
Friedland
Neubrandenburg
SZCZECIN
Malchow
Müritz
Röbel
Neustrelitz
Schenkenberg
Pritzwalk
Wittstock/
Dosse
Rheinsberg
Templin
Angermünde

LEGENDE

- Route 1 - FISCH AM HAKEN IM VIELFÄLTIGEN LAND DER ANGELN
- Route 2 - VON BRASILIEN ÜBER KALIFORNIEN DURCH DIE SCHWEIZ
- Route 3 - HERRLICH IDYLLISCH: MECKPOMM – WIR KOMMEN!
- Route 4 - NATÜRLICH SCHÖN: DIE GRÖSSTE DEUTSCHE INSEL
- Route 5 - DAS BLAUE WUNDER, DIE WEISSE DÜNE UND DER FLUGPIONIER

A 1 E 85	Autobahn mit Anschlussstelle
	Schnellstraße
A 8 A 12	Fernstraße
P 2	Nebenstraße
	Sonstige Straße
	Fahrweg
	Eisenbahn
	Flüsse
	See
	Bebauung
	Natur-, Nationalpark
	Staatsgrenze mit Grenzübergang

C 10	Campingplätze
S 10	Stellplätze
	Sehenswürdigkeit - Kultur
	Sehenswürdigkeit - Natur
	Kirche, Kloster
	Klosterruine
	Schloss
	Schlossruine
	Museum
	Höhle
	Windmühle
	Leuchtturm
	Hünengrab
	Aussichtspunkt
	Flughafen

HUBER KARTOGRAPHIE

N

0 10 km

1 : 300.000

DÄNEMARK
Als
Gråsten
Gråsten Slot
Augustenborg
Augustenborg Slot
Sønderborg
Dybbøl Mølle
Broager
Broager Land
Sønderborg Bugt
Horup Hav
Kegnæs
Kegborg
Halbinsel Holnis
NSG Holnis
Glücksburg (Ostsee)
S 101
S 100
Harrislee
Flensburg
Flensburger Förde
Langballig
Scheersberg
S 103
C 102
NSG Geltinger Birk
Geltinger Bucht
Gelting
Kalkgrund
Steinbergkirche
Sterup
Sörup
Satrup
Großsolt
Oeversee
Tarp
Mohrkirch
Kappeln
S 104
Süderbrarup
Arnis
Schlei
Damp
Gut Damp
Schwansen
Böklund
Tolk
Freizeitpark Tolk-Schau
Schleswig
Schloss Gottorf
Dom
Fahrdorf
Busdorf
Wikinger-Freilichtmuseum Haithabu
C 105
Eckernförde
Eckernförder Bucht
S 106
Naturpark Hüttener Berge
Kropp
Gettorf
Dänisch
Lundtoft
Kruså
Bov
Jarplund
Husby
Hürup
Idstedt
Jübek
Schuby
Kosel
Barkelsby
Waabs
Windeby
1
8
170
200
199
7
201
76
77
203
E
F
G
H
166

NSG Geltinger Birk
(Vejsnæs Bug
A
B
C
D
Nieby
Falshöft
Wackerballig
Kattrott
C 102
1
Gelting
Pommerby
Rabenholz
Gundelsby
tangheck
1
Oehe
Stutebüll
Maasholm
Lotseninsel
Kraghöh 57
S 104
Schlei
Kappeln
O S T
Weidefeld
Schönhagen
2
Grödersby
Kopperby
Nordhagen
Faulück
Arnis
Höxmark
Karby
Winnemark
Schuby
165
Staun
203
Thumby
Damp
Ostseebad Damp
Gut Damp
Fischleger
K i e l e r B u c h t
Söby
Booknis
3
Waabshof
Rotensande
Waabs
Sophienhof
Strandbek
Loose
Ludwigsburg
Langholz
C 105
Karlsminde
Hemmelmark
Eckernförde
Eckernförder Bucht
Dänisch Nienhof
Surendorf
Stohl
S 107
Krusendorf
Noer
Altbülk
Sprenge
Aschau
Lindhöft
Birkenmoor
Schnellmark
503
Scharnhagen
Strande
4
Neudorf
Borghorst
Stubbendorf
Heidkate
Kieler Förde
Kalifornien
S 201
D ä n i s c h e r
Kaltenhof
1
Schilksee
Wendtorfer Strand
Brasilien
Bornstein
Augustenhof
Marine-Ehrenmal/U-995
Wisch
Schönberger Strand
Hohenlieth
Gettorf
Felm
Barsbek
Harfe
Tierpark Gettorf
Altenholz
S 200
Wendtorf
Probstei
Laboe
Schönberg (Holstein)
Revensdorf
Tüttendorf
Rathmannsdorf
C 108
Möltenort
502
Schmoel
76
Fiefbergen
Straußenfarm
Lindau
W o h l d
Knoop
Holtenau
U-Boot-Ehrenmal
Heikendorf
Probsteierhagen
Höhndorf
Hohenfelde
Satjendorf
Großkönigsförde
Schinkel
Schleuse Kiel-Holtenau
Schrevenborn
Schwartbuck
Gleschendorf
Warleberg
Kronshagen
Mönkeberg
Muxall
Passader See
Stoltenberg
2
Sophienhof
Köhn
Gadendorf
Rosenkranz
Ottendorf
Klein-Königsförde
5
Ostsee-Kanal
1
Schönkirchen
Dobersdorfer See
Pratjau
Emkendorf
Quarnbek
Herrenhaus Dobersdorf
Salzau
Bredenbek
Melsdorf
Schlesen
Fargau
Pülsen
Giekau
210
KIEL
Klausdorf
Dobersdorf
Selenter See
Darry
Achterwehr
Schwentine
Lilienthal
Wittenbergerpassau
Selent
Klamp
Felde
Steinfurt
Kronsburg
Rönfeldholz
Bossee
Westensee
Mielkendorf
Wellsee
Rosenfeld
202
Martensrade
Bellin
Wentorf
Westensee
Meimersdorf
Raisdorf
Rastorfer Passau
Bauersdorf
Wrohe
Rodenbek
Molfsee
Rönne
Rastorf
Schloss Bredeneek
Stellböken
88 Tüteberg
Schierensee
Schlüsbek
Wakendorf
Wittenberg
Rontzau
94
404
Rethwisch
Mucheln
Deutsch Nienhof
Voorde
Flintbek
Pohnsdorf
Preetz
Tresdorfer See
Schönweide
6
Westensee
Boksee
Honigsee
Sieversdorf
Schellhorn
Sellin
Dannau
Groß Vollstedt
Blocksdorf
Blumenthal
Schönhorst
Lehmkuhlen
Eider
Großbarkau
S 202
76
Sasel
Warder
Grevenkrug
Böhnhusen
Klein Barkau
Sophienhof
Lebrade
430
Postsee
Rixdorf
Grebin
Bothkamper See
Lanker See
Hol
Nortorf
Sören
Schmalstede
Bothkamp
Klein Kühren
Trent
Sieversdorf
A
215
B
168
C
Nehmten
Rathjensdorf
D
Reesdorf
Bissee
Wahlstorf
Wittmoldt
Schluensee
Malente
Schloss

Lolland
Rødbyfjord
Fehmarnbelt
Fehmarn
Burg a. Fehmarn
Fehmarnsund
Heiligenhafen
Oldenburg i. Holstein
Hohwachter Bucht
Halbinsel Graswarder
S 206
C 205
S 204
S 207
Klaipeda, Riga, St. Petersburg
Markelsdorfer Huk
Niobe-Denkmal
Strandsauna
Mühle Flinke Laura
Wasservogelreservat Wallnau
Südermühle
Mühlen-u. Landwirtschmus. Jachen Flünk
Flügger Leuchtturm
Museum Katharinenhof
Leuchtturm Staberhuk
Schloss Weissenhaus
Oldenburger Wallmuseum
Museumshof Lensahn
Kloster Cismar
Lange
Rødbyhavn
Rødby
Orther Reede
Großenbrode
Neukirchen
Grube
Dahme
Kellenhusen (Ostsee)
Cismar
Hohwacht (Ostsee)
Lensahn
Wangels
Bungsberg 168
E
F
G
H
1
2
3
4
5
6
169

166
A
B
C
D
1
2
3
4
5
6
Kaltenhof
Schilksee
Marine-Ehrenmal/U-995
Wendtorf
Wisch
Barsbek
Brasilien
Probstei
Altenholz
Rathmannsdorf
S 200
C 108
Laboe
Möltenort
502
Fiefbergen
Schönberg (Holstein)
Schmoel
Straußenfarm
Satjendorf
Todendorf
Knoop
Holtenau
U-Boot-Ehrenmal
Heikendorf
Probsteierhagen
Höhndorf
Hohenfelde
Schwartbuck
Schleuse Kiel-Holtenau
Schrevenborn
Kronshagen
Mönkeberg
Muxall
Passader See
Stoltenberg
Sophienhof
Gleschendorf
Gadendorf
Matzwitz
Behrensdorf (Ostsee)
Hohwachter Bucht
Köhn
Panker
Lippe
Schönkirchen
Dobersdorfer See
Salzau
Pratjau
Emkendorf
Gr. Binnensee
Hohwacht (Ostsee)
Herrenhaus Dobersdorf
Fargau
Pülsen
Giekau
Stöfs
Schloss Weissenhaus
KIEL
Klausdorf
Dobersdorf
Schlesen
Selenter See
Darry
Lütjenburg
Sehlendorf
Kronsburg
Schwentine
Lilienthal
Wittenbergerpassau
Selent
Klamp
Futterkamp
Rönfeldholz
202
Döhnsdorf
Wellsee
Rosenfeld
Martensrade
Bellin
Barensdorf
Meimersdorf
Raisdorf
Rastorfer Passau
Bauersdorf
Wentorf
Nessendorf
Molfsee
Rönne
Rastorf
Schloss Bredeneek
Rathlau
Schlüsbek
Wakendorf
Stellböken
Kühren
Rethwisch
Wittenberg
Rantzau
Engelau
Högsdorf
Kükelühn
404
Mucheln
Großrolübbe
Flintbek
Boksee
Honigsee
Pohnsdorf
Tresdorfer See
Schönweide
Dannau
Gowens
Neutestorf
Preetz
Schellhorn
Sellin
Sieversdorf
Söhren
Mönchneversdorf
Schönhorst
Großbarkau
S 202
76
Lehmkuhlen
Sasel
Klein Barkau
Postsee
Sophienhof
Lebrade
430
Benz
Bungsberg 168
Böhnhusen
Bothkamper See
Klein Kühren
Lankersee
Rixdorf
Grebin
Holsteinische
Bruhnskoppel
Bothkamp
Barmissen
Trent
Sieversdorf
Naturpark
Schönwalde a. Bungsberg
Warnau
Kühren
Wielen
Rathjensdorf
Schluensee
Sielbeck
Reesdorf
Bissee
Wahlstorf
Wittmoldt
Schloss Plön
Malente
Kellersee
Schweiz
Brügge
Dosenbek
Löptin
Kl. Plöner See
Behler See
Dieksee
Gremsmühlen
Fissau
Stendorf
Bundhorst
Dörnick
Plön
Oberkleveez
Sibbersdorf
Groß Buchwald
Nettelau
Depenau
Ascheberg (Holstein)
Großer Plöner See
C 203
Suhrer See
Zarnekau
Kreuzfeld
Schloss Eutin
Griebel
Stolpe
Schönhagen
Stolper See
Kalübbe
Ruhleben
Bösdorf
Kleinmeinsdorf
Eutin
Ovendorf
Vinzier
Wankendorf
Perdöl
Godau
Holsteinische
Röbel
Schillsdorf
Belauer See
Dersau
Großmeinsdorf
Bokhorst
Bockhorn
21
430
Bosau
Thürk
Bockholt
76
Bujendorf
Stocksee
Nehmten
Brackrade
Liensfeld
Fassensdorf
Övelgönne
Altbokhorst
Schönboken
Belau
Löja
Hutzfeld
Klenzau
Süsel
Hollenbek
Ruhwinkel
Middelburg
Schmalensee
Bichel
Wöbs
Hornsmühlen
Hassendorf
Kiekbusch
Barkau
Bönebüttel
Rendswühren
Bornhöved
Damsdorf
Schweiz
Gießelrade
Woltersmühlen
Ekelsdorf
Grimmelsberg 83
Weitewelt
Glasau
Pönitz
Groß Kummerfeld
Tarbek
Seedorfer See
Tensfeld
Seedorf
Seekamp
Sibbin
Holstendorf
Gönnebek
Trappenkamp
Muggesfelde
Berlin
Blomnath
Barghorst
Gleschendorf
Klingberg
Klein Kummerfeld
Alterfrade
Schürsdorf
Daldorf
Blunk
Nehms
Nehmsberg 87
Travenhorst
Travenort
Havekost
205
Falkenhorst
Garbek
432
Ahrensbök
Schwochel
Luschendorf
92
Braak
Rickling
Negernbötel
Göls
Gnissau
Sarkwitz
Krems II
Müssen
Wensin
Lebatz
Böbs
Pansdorf
Strenglin
Fehrenbötel
Hamdorf
Grebenhagen
Dunkelsdorf
Malkendorf
Rohlstorf
Klein Rönnau
Quaal
Heidmühlen
Pronstorf
Tankenrade
5
Wahlstedt
Warder See
Curau
Ratekau
Ihlsee
Gr. Segeberger See
Eilsdorf
Schieren
Schloss Pronstorf
Wulfsfelde
Kolonie Glashütte
Waldesruh
Fahrenkrug
Cashagen
Dissau
Karl-May-Festspiele/Kalkberghöhle/Noctalis
Goldenbek
Bad Schwartau
Reinsbek
Obernwohlde
Wittenborn
Bad Segeberg
Westerrade
Arfrade
Bockhorn
Steinbek
Krummbeck
206
Mözener See
206
Högersdorf
Strukdorf
Langniendorf
Bark
Mözen
Mielsdorf
Neuengörs
Hartenholm
Willendorf
Mönkhagen
Todesfelde
Kükels
432
21
Traventhal
Pöhls
Stockelsdorf
75
Krems I
Gladebrügge
Bühnsdorf
Heilshoop
Leezen
Bebensee
Rehhorst
Zarpen
Bredenbekshorst
Fredesdorf
Havighorst
Heiderfeld
Neversdorf
Wakendorf I
Heidekamp
LÜBECK
Stuvenborn
Groß Niendorf
Sühlen
Seefeld
Reinfeld (Holstein)
Ratzbek
Seth
Trave
Schlamersdorf
Hamberge
207
Sievershütten
Neverstaven
Tralau
Bad Oldesloe
Steinfeld
75
Niendorf
Vorrade
Klingberg 78
Benstaben
Groß Wesenberg
Oberbüssau
Borstel
Klein Schenkenberg
20
Blumendorf

167
170
E
F
G
H
1
2
3
4
5
6
Fehmarnsund
Burgtiefe
Leuchtturm Staberhuk
Halbinsel Graswarder
S 204
Heiligenhafen
Großenbrodefähre
Großenbrode
Großenbrode-Kai
Lütjenbrode
Klaustorf
Seekamp
Neuratjensdorf
Teschendorf
Gremersdorf
Neukirchen
Godderstorf
Altgalendorf
Kröß
Meeschendorf
Kraksdorf
Giddendorf
Oldenburger Wallmuseum
Heringsdorf
Oldenburg i. Holstein
Siggen
Görtz
Quals
501
Süssau
Schwelbek
Gaarz
Rosenfelde
Oldenburger Graben
Siggeneben
Damlos
Koselau
Grube
Quaal
Gruberdieken
Lensahn
Kabelhorst
Thomsdorf
Dahme
Museumshof Lensahn
Guttau
Rüting
Kloster Cismar
Dahmeshöved
Manhagen
Sievershagen
Cismar
Kellenhusen (Ostsee)
Beschendorf
S 207
Lenste
Bentfeld
Krummbek
Schashagen
Grömitz
Bliesdorf
C 208
Merkendorf
Brodau
Rettin
Mecklenburger
Bucht
Lübecker
Bucht
Trelleborg, Malmö, Baltijsk, Riga, Ventspils
Langenwerder
Gollwitz
Poel
Kaltenhof
Kirchdorf
Steinbeck
Boltenhagenbucht
Groß Schwansee
Elmenhorst
Redewisch
Grundshagen
Boltenhagen
Timmendorf
Brodtener Steilufer
Hohen Schönberg
Barendorf
Kirchsee
Breitling
76
Travemünde
Kalkhorst
Arpshagen
Klütz
Tarnewitz
Wismarbucht
Fährdorf
Halbinsel Priwall
Rosenhagen
Klützer Winkel
Schloss Bothmer
Christinenfeld
Wohlenberger Wiek
Rustwerder
Haken
Pötenitz
Harkensee
Rankendorf
Stellshagen
Wohlenberg
Hohen Wieschendorf
Priwall
Pötenitzer Wiek
Wieschendorf
Niendorf
Zierow
Redentin
Dorf
Verkehrsmuseum
Benckendorf
Wilmstorf
Welzin
Damshagen
Bössow
Gramkow
Volkstorf
Schloss Lütgenhof
Groß Voigtshagen
Roggenstorf
Parin
Steinzeitdorf
Wahrstorf
Weitendorf
Nikolaikirche
Dassower See
Teschow
Dassow
105
Moor
Kussow
Warnow
Groß Walmstorf
Jassewitz
Gägelow
Fürstenhof
Markt
Wismar
Trave
Zarnewenz
Tramm
Santower See
Prieschendorf
Mallentin
Gostorf
Hamberge
Sülsdorf
Kleinfeld
Rodenberg
Santow
Barnekow
Selmsdorf
Malzow
Hof Mummendorf
Gresso
Triwalk
104
Groß Bünsdorf
Börzow
Grevesmühlen
Metelsdorf
Blüssen
Papenhusen
Wotenitz
Käselow
Krönkenhagen
Schönberg
Grieben
Quaal
Schloss Bluchow
Rottensdorf
Bonnhagen
Rambow
Lübsee
Sabow
Klein Siemz
Roduchelstorf
20
Grapen Stieten
208
Kastahn
Boienhagen
Groß Krankow
Bobitz
Groß Siemz
Torisdorf
Strohkirchen
Diedrichshagen
Testorf
Harmshagen
Naudin
Bechelsdorf
Törpt
Falkenhagen
Othenstorf
Rütting
Schönhof
Dambeck

A
B
C
D
1
2
3
4
5
6
O S T S
Mecklenburger Bucht
Landkirchen a. Fehmarn
Niendorf
Klausdorf
Gahlendorf
Burg a. Fehmarn
Katharinenhof
Vitzdorf
Hinrichsberg
Meeschendorf
Burgstaaken
Staberdorf
Wulfen
Avendorf
Burgtiefe
Staberhuk
Fehmarnsundbrücke
Großenbroderfähre
Großenbrode
Großenbrode-Kai
Rosenfelde
Dahme
Dahmeshöved
169
Kühlungsborn
Kühlungsborn West
Kägsdorf
Meschendorf
C 305
C 306
Mechelsdorf
Bastorf
Diedrichshagener Berg
Diedrichshgn.
Rerik
Wustrow
Zweedorf
Biendorf
Gersdorf
Roggow
Salzhaff
Jörnstorf
Kieling
Pepelow
Rakow
Neubukow
Westerbrügge
Altenhagen
Krempin
Poel
Gollwitz
Boiensdorf
Bantow
Kaltenhof
Vorwerk
Stove
Niendorf
Alt Bukow
Ravensberg
Kamin
Kirchdorf
Damekow
Blowatz
Steinbeck
Boltenhagener Bucht
Timmendorf
C 304
Friedrichsdf.
Nantrow
Garvensdorf
Klein Mulsow
Redewisch
Boltenhagen
S 303
Kirchsee
Breitling
Robertsdf.
Lischow
Madsow
Kirch Mulsow
Grundshagen
Schönberg
C 300
Tarnewitz
Fährdorf
Alt Farpen
Hagebök
Arpshagen
Christinenfeld
Groß Strömkendorf
Neuburg
Zarnekow
Wakendf.
Goldbeck
Schloss Bothmer
Klütz
Wohlenberger Wiek
S 301
Wismarbucht
Krusenhagen
Steinhsn.
Tatow
Bäbelin
Kühlenstein
Wohlenberg
Hohen Wieschendorf
Tarnewitzerhagen
Beckerwitz
Gagzow
Kartlow
Neuendf.
Poischendf.
Welzin
Niendorf
Zierow
Kalsow
Züsow
Glasin
Damshagen
Bössow
Gramkow
Eiserne Hand
Hornstorf
Gamehl
Neukloster
Roggenstorf
Parin
Wahrstorf
Hohenkirchen
S 302
Verkehrsmuseum
Benz
Goldebee
Babst
Steinzeitdorf
Manderow
Neuhof
Rolofshagen
Groß Walmstorf
Weitendorf
Gägelow
Nikolaikirche
Wismar
Kritzow
Schmakentin
Nevern
Perniek
Kussow
Warnow
Jassewitz
Groß Woltersdf.
AK Wismar
Krassow
Zurow
Kloster-Kirche
Mallentin
Gostorf
Santower See
Barendorf
Barnekow
Triwalk
Zurow
Neukloster
Lübberstorf
Schmachthagen
Grevesmühlen
Gressow
Wismar-Mitte
Kahlenberg
Naschendorf
Metelsdf.
Karow
Krönkenhagen
Käselow
Lübow
Masslow
Fahren
Reinstorf
Klüssendf.
Lutterstorf
Rambow
Dorf Mecklenburg
Quaal
Groß Pravtshagen
Neperstorf
Büschow
Großer Klostersee
207
105
106
20
14
192

E
F
G
H
Gedser
Trelleborg
Liepāja, Ventspils, St. Petersburg, Tallinn
Darß
Rehberge
Born am Darß
Bliesenrade
Ahrenshoop
Althagen
Hohes Ufer
Niehagen
Michaelsdorf
Neuendorf Heide
Wustrow
S 309
Fischland
Neuendorf
Hermannshof
Saaler Bodden
C 308
Saal
Hessenburg
Langendamm
Dierhagen Strand
Dierhagen
Neuhaus
Dändorf
Beiershagen
Tempel
Damgarten
Ribnitzer See
Behrenshagen
Graal-Müritz
Klockenhagen
Rostocker Tor
Deutsches Bernsteinmus.
Ribnitz-Damgarten
Daskow
Recknitz
Hirschburg
Freilicht-museum
Petersdorf
Altheide
Rostocker Heide
Gelbensande
Willershagen
Tressentin
Kuhlrade
Poppendf.
Hinrichshagen
Bartelshagen I
Markgrafenheide
Kloster Wulfshagen
Brünkendorf
Warnemünde
Elmenhorst/Lichtenhagen
Nienhagen
Börgerende-Rethwisch
Breitling
Stuthof
Rövershagen
Behnkenhagen
Blankenhagen
Völkshagen
Vogtshagen
Mandelshagen
Carlsruhe
Alt Guthendorf
Groß Klein
Nienhagen
Mönchhagen
Volkenshagen
Cordshagen
Gresenhorst
Langer Berg
Alt Steinhorst
Lütten Klein
Rostock-Überseehafen
Poppendorf
Dänschenburg
Admannshagen-
Hinrichsdorf
Klein Kussewitz
Groß Kussewitz
Dettmannsdorf
Fahrenhaupt
Hägerort
Evershagen
Unterwarnow
Bad Doberan
Bargeshagen
Rostock-Nord
Bentwisch
Steinfeld
Wendorf
Kölzow
Klosterkirche
Reutershagen
Dierkow
Rostock-Ost
Fienstorf
Sagerheide
Reppelin
Stubbendorf
Marienkirche
Ostseestadion
Rathaus
Brodersdorf
Thulendorf
Sanitz
Wendfeld
Stormstorf
Gnewitz
Hohenfelde
Klein Schwaß
Zoo
Rostock-Süd
Roggentin
Groß Lüsewitz
Zarnewanz
Bartenshagen-Parkentin
ROSTOCK
Helmstorf
Hastorf
Waidbach
Kessin
Kritzmow
Groß Stove
Bandelstorf
Petschow
Niekrenz
Vietow
Horst
Thelkow
Denkmalhof
Hanstorf
Papendorf
Lieblingshof
Tessin
Kowalz
Stäbelow
Niendf.
Dummersdorf
Sanitz
Vilz
Reinshagen
Clausdorf
Niex
AK Rostock
Pankelow
Gubkow
Weitendorf
Rostock-West
Rostock-Südstadt
Autobahnkirche
Dummerstorf
Prangendorf
Wohrenstorf
Heiligenhagen
Buchholz
Damm
Kavelsdorf
Göldenitz
Selpin
Bölkow
Pölchow
Kavelstorf
Woltow
Gerdshagen
Bad Doberan
Ziesendorf
Warnow
Prisannewitz
Groß Potrems
Teschow
Cammin
Drüsewitz
Warbel
Klingendf.
Goritz
Satow
Matersen
Huckstorf
Groß Viegeln
Kröpelin
Hohen Luckow
Benitz
Scharstorf
Klein Potrems
Alt Kätwin
Kobrow
Groß Ridsenow
Wesselstorf
Bröbberow
Zeez
Spotendorf
Polchow
Jürgenshagen
Dolgen
Klein Lantow
Stechow
Klein Belitz
Wiendf.
Sabel
Schwaan
Niendorf
Groß Lantow
Wardow
Grieve
Klein Gischow
Hohensprenzer See
Laage
Rensow
Groß Gischow
Bandow
Striesdorf
Regionalflughafen Rostock-Laage
Pludderbach
Wozeten
Prebberede
Göldenitz
Penzin
Vorbeck
Hohen Sprenz
Weitendorf
Breesen
Jahmen
Viezen
Passin
Selow
Kambs
Rukieten
Belitz
Bernitt
Liessow
Schweez
Neu Heinde
Groß Bützin
Langen Trechow
Werle
Kritzkow
Laage
Dickhof
Mistorf
Siemitz
Schlosss Rossewitz
Schaalbeke
Schwiessel
Kurzen Trechow
Parkow
Kassow
Zehlendf.
Recknitz
Drölitz
Matgendorf
Bützower See
Oettelin
Goldewin
Käselow
Kuhs
Dorfkirche
Knegendorf
Striesenow
Gottin
Tellow
Schlemmin
Neuendf.
Bützow
Groß Schwiesow
Karow
Spoitgendorf
Diekhf. Siedlung
Schmooksberg
Pölitz
Steinhagen
Sarmstorf
Plaaz
Tolzin
Zepelin
Lüssow
Wendorf
Großer Bützower See
Bützow-Güstrow-Kanal
Strenz
Glasewitz
Schlieffenbg.
Nebel
Gulzow
Parum
Mierendorf
Bartelshagen
Warnkenhagen
3
105
103
110
19
20
108
172

A
B
C
D
1
2
3
4
5
6
O S T S E E
Nationalpark
Vorpommersche Boddenlandschaft
Hiddensee
Darßer Ort
C 400
S 401
S 40
4
3
Seemannskirche
Prerow
Zingst
Darß
Wieck am Darß
Rehberge
Bresewitz
Bodstedter Bodden
Barther Bodden
Grabow
Bock
Wendisch Langendorf
Barhöft
Aue
Bisdorf
Hohendorf
Klausdorf
Batevitz
Groß Mohrdorf
Nisdorf
Muuks
Prohn
Günz
Altenpleen
Born am Darß
Bliesenrade
Pruchten
Marienkirche
Althagen
Ahrenshoop
Hohes Ufer
Niehagen
Wustrow
Michaelsdf.
Bodstedt
Fuhlendorf
Barth
Küstrow
Neu Bartelshagen
Buschenhagen
Neuenpleen
Preetz
Schmedshagen
Duvendiek
Krönnevitz
Neuendf. Heide
Hermannshagen Heide
Rubitz
Flemendorf
Groß Kordshagen
Lassentin
Zansebuhr
STRALSUND
Deutsches Meeresmuseum
Saaler Bodden
Neuendorf
Hermannshof
Spoldershagen
Divitz
Kenz
Wüstenhagen
Niepars
Pantelitz
Saal
Hessenburg
Bartelshagen II b. Barth
Lüdershagen
Martenshagen
Saatel
Löbnitz
Karnin
Martensdorf
Pütte
Langendorf
Lüssow
Kummerow
Zimkendorf
Langendamm
Saaler Bach
Neuhof
Kindshagen
Manschenhagen
Starkow
Bussin
Dierhagen
Beiershagen
Wiepkenhagen
Velgast
Borgwallsee
Dändorf
Tempel
Altenwillershagen
Mittelhof
Altenhagen
Barthe
Nienhagen
Ribnitzer See
Damgarten
Behrenshagen
Trinwillershagen
Neuenlübke
Hövet
Neuseehagen
Schuenhagen
Steinhagen
Rostocker Tor
Deutsches Bernsteinmus.
Ribnitz-Damgarten
Daskow
Ahrenshagen
Weitenhagen
Wolfshagen
Jakobsdorf
Berthke
Recknitz
Pantlitz
Schlemmin
Ravenhorst
Behrenwalde
Richtenberg
Grün Kordshagen
Abtshagen
Elmenhorst
Altheide
Petersdorf
Tressentin
Tilbohm
Koitenhagen
Millienhagen
Franzburg
Kuhlrade
Poppendf.
Zornow
Spiekersdorf
Oebelitz
Sievertshagen
Bartelshagen I
Allerstorf
Semlow
Leplow
Wolfsdorf
Ungnade
Kloster Wulfshagen
Brünkendorf
Plennin
Dolgen
Buchholz
Papenhagen
Blankenhagen
Völkshagen
Eixen
Hugoldsdorf
Hohenbarnekow
Schönenwalde
Alt Guthendorf
Marlow
Wohsen
Bisdorf
Carlsruhe
Drechow
Pöglitz
Rolofshagen
Holthof
Alt Steinhorst
Langer Berg
Spietsdf.
Quitzin
St. Marien
105
194

171

E F G H

E F G H

1 2 3 4 5 6

174

173

A
B
C
D
1
2
3
4
5
6
S 407
S 500
403
Strelasund
Greifswalder Bodden
Zudar
Ruden
Gustow
Poseritz
Wulfsberg
Garz/Rügen
E.-M.-Arndt Museum
Dumsevitz
Silmenitz
Geburtshaus von Ernst-Moritz-Arndt
Benz
Sissow
Prosnitz
Venzvitz
Puddemin
Mellnitz
Glutzow Siedlung
Groß Schoritz
Zudar
Zicker
Losentitz
Poppelvitz
Glewitz
Grabow
Niederhof
Neuhof
Brandshagen
Oberhinrichshagen
Stahlbrode
Reinberg
Falkenhagen
Miltzow
Reinkenhagen
Jeeser
Riemserort
Insel Riems
Koos
Insel Koos
Gristow
Kirchdorf
Mannhagen
Jager
Karrendorf
Mesekenhagen
Kooser Berg
Wampen
Neuenkirchen
Horst
Willerswalde
Petershagen
Groß Kieshof
Klein Kieshof
Wüst Eldena
Ryck
Jarmshagen
Wackerow
Marienkirche
Rathaus
Dom St. Nikolai
Wieck
Museumshafen
Klosterruine
Eldena
GREIFSWALD
Willershusen
Neuendorf
Levenhagen
Griebenow
Bollenhagen
Ungnade
Alt Ungnade
Neu Ungnade
Hinrichshagen
Weitenhagen
Klein Bisdorf
Groß Bisdorf
Friedrichsfelde
Kandelin
Groß Zarnewanz
Subzow
Helmshagen
Grubenhagen
Dersekow
Klein Zastrow
Schmietkow
Pustow
Sestelin
Dargelin
Treuen
Sassen
Groß Zastrow
Behrenhoff
Groß Kiesow
Sanz
Klein Kiesow
Müssow
Schwinge
Görmin
Goslow
Stresow
Trissow
Passow
Kammin
Dambeck
Trantow
Alt Jargenow
Schmoldow
Bandelin
Kölzin
Loitz
Peene
Kuntzow
Gützkow
Bentzin
Zeitlow
Sophienhof
Alt Plestlin
Wüstenfelde
Neuendorf
Cützkow
Zarrenthin
Jarmen
Breechen
Quitzerow
Kletzin
Tutow
Kruckow
Zemmin
Groß Toitin
Klein Toitin
Siedenbrünzow
Kartlow
Sanzkow
Vanselow
Schmarsow
Völschow
Plötz
Neetzow
Kadow
Tollense
Teusin
Alt Tellin
Roidin
Hohenmocker
Daberkow
Jagetzow
Gramzow
Klusenfelde
Pritzenow
Sternfeld
Hohenbüssow
Wietzow
Bartow
Strehlow
Hohenbrünzow
Tentzerow
Groß Below
Ganschendorf
Peeselin
Gnevkow
Golchen
Sarow
Törpin
Letzin
Burow
Breest
Philippshof
Seltz
Altenhagen
Gültz
Neuenhagen
Weltzin
Kölln
Wodarg
Rosemarsow
Fahrenholz
Tützpatz
Buchar
Kessin
Grapzow
Loickenzin
Barkow
Geopark Meckl. Eiszeitlandschaft
Altentreptow
Werder
Großer Landgraben
Siedenbollentin
Schwanbeck
Beseritz
Dishley
Gresewitz
Rehberg
Rebelow
Ramelow
Japenzin
Dennin
Neuendorf B
Iven
Wegezin
Thurow
Spantekow
Ehemalige Festung
Borntin
Hellberg
Boldekow
Zinzow
Putzar
Putzarer See
Landgraben
Schwichtenberg
Sandhagen
Löwitz
Glien
Schwerinsburg
Sarnow
Rathebur
Schmuggerow
Ducherow
Wusseken
Drewelow
Panschow
Müggenburg
Neuenkirchen
Peene-Südkanal
Rossin
Kosenow
Neu Kosenow
Stretense
Dargibell
Alt Teterin
Lüskow
Pelsin
Nerdin
Blesewitz
Krien
Brenkenhof
Postlow
Butzow
Gellendin
Bargischow
Woserow
Auerose
Gnevezin
Anklam
Marienkirche
Otto-Lilienthal-Museum
Görke
Tramstow
Wussentin
Medow
Steinmocker
Derseewitz
Preetzen
Grüttow
Stolpe
Liepen
Kagenow
Priemen
Pentin
Lüssow
Owstin
Schmatzin
Pätschow
Quilow
Wasserschloss
Groß Polzin
Schlatkow
Konsages
Salchow
Ziethen
Menzlin
Gribow
Ranzin
Klein Bünzow
Groß Bünzow
Oldenburg
Thurow
Radlow
Züssow
Karlsburg
Schloss
Zarnekow
Steinfurth
Wahlendow
Pamitz
Bömitz
Buggow
Krenzow
Rubkow
Daugzin
Murchin
Zemitz
Pulow
Papendorf
Hohensee
Lühmannsdorf
Buddenhagen
Kessin
Krebsow
Wrangelsburg
Jägerhof
Hanshagen
Kühlenhagen
Boltenhagen
Kemnitzerhagen
Friedrichshagen
Diedrichshagen
Kemnitz
Ludwigsburg
Loissin
Gahlkow
Brünzow
Vierow
Stilow
Gustebin
Pritzwald
Lubmin
Wusterhusen
Nonnendorf
Freest
Kröslin
Voddow
Rubenow
Spandowerhagen
Spandowerhagener Wiek
Ziese
Ziesebruch
Lodmannshagen
Netzeband
Groß Ernsthof
Zecherin
Wolgast
Tierpark
St. Petrikirche
Schalense
Katzow
Pritzier
Hohendorf
Ziemitz
Sauzin
Historisch-technisches Informationszentrum der Raumfahrt
Peenemünde
Kölpinsee
Cämmerer See
Klein Zicker
Groß Zicker
Gager
Thiessow
Südperd
Mönchgut
Stralsund
Greifswald
Gützkow
Jarmen
Anklam
Neukamp
Jarkvitz
Groß Stubben
Drigge
Wilmshagen
Bremerhagen
Prützmannshagen
Wüsteney
Vorbein
Kandelin
Utzedel
Sarow
Teetzleben

E
F
G
H
1
2
3
4
5
6
Greifswalder Oie
København
Ystad
Pommersche Bucht
Zatoka Pomorska
Zinnowitz
Zempin
S 503
Streckelsberg
Koserow
Kölpinsee
Usedom
Achterwasser
Neuendorf
Loddin
S 502
Ückeritz
Naturpark
Usedom
S 505
C 504
Seebad Bansin
C 506
Seebrücke
Warthe
Grüssow
Pudagla
Schmollensee
Liepe
Sellin
Bansin Dorf
Seebad Heringsdorf
Dewichow
Balm
Benz
Gothensee
Seebad Ahlbeck
Świnoujście (Swinemünde)
Międzyzdroje (Misdroy)
Wisełka
Wolinski Park Narodowy
Reserwat Zubrow
Warnowo
Rankwitz
Kückelsberg
Neppermin
S 507
Krienke
Morgenitz
Labömitz
Reetzow
Korswandt
Ulrichshorst
Mellenthin
Suckow
Katschow
Zirchow
Kachlin
Görke
Wisentgehege
Dargen
Kutzow
Golm
Garz
Wydrzany
Swina
Ognica
Przytór
J. Wicko Wlk.
Wapnica
Dargobądz
Karnocice
Lubin
Stolpe auf Usedom
Gummlin
Regionalflughafen Heringsdorf
Kamminke
Karsibórska Kępa
Karsibór
Kan. Piastowski
Wielki Zalew
Wielki Krzek
Usedom
Gellenthin
Welzin
Wilhelmshof
Karnin
Stettiner Haff
Zalew
Szczeciński
Leopoldshagen
Mönkebude
Grambin
Siedlung Altwarp
Altwarp
Altwarper Binnendünen
Podgrodzie
Nowe Warpno (Neuwarp)
Ueckermünde
Bellin
Vogelsang
Warsin
Lübs
Tierpark Ueckermünde
Liepgarten
J. Nowowarpieskie
Neuwarper See
Karczno
Annenhof
Luckow
Warnołęka
Heinrichshof
Hoppenwalde
Rieth
Louisenhof
Meiersberg
Torgelow-Holländerei
Sprengersfelde
Eggesin
Garzberg
Brzózki
Blumenthal
Ahlbeck

IMPRESSUM

Verantwortlich: Kerstin Thiele
Lektorat: Michaela Zelfel
Layout: Elke Mader, Rudi Stix
Repro: Cromika/LUDWIG:media
Umschlaggestaltung: ZERO Werbeagentur
Kartografie: Heidi Schmalfuß, Huber Kartografie
Herstellung: Anna Katavic
Printed in Slovenia by Florjancic

★★★★★

Sind Sie mit diesem Titel zufrieden? Dann würden wir uns über Ihre Weiterempfehlung freuen. Erzählen Sie es im Freundeskreis, berichten Sie Ihrem Buchhändler, oder bewerten Sie bei Onlinekauf. Und wenn Sie Kritik, Korrekturen oder Aktualisierungen haben, freuen wir uns über Ihre Nachricht an den Bruckmann Verlag, Postfach 40 02 09, D-80702 München oder per E-Mail an lektorat@verlagshaus.de.

Unser komplettes Programm finden Sie unter www.bruckmann.de

Alle Angaben dieses Werks wurden vom Autor sorgfältig recherchiert und auf den neuesten Stand gebracht sowie vom Verlag geprüft. Für die Richtigkeit der Angaben kann jedoch keine Haftung übernommen werden, weshalb die Nutzung auf eigene Gefahr erfolgt. Insbesondere bei GPS-Daten können Abweichungen nicht ausgeschlossen werden.

Bildnachweis: Alle Abbildungen des Umschlags und des Innenteils stammen vom Autor, außer S. 160/161 shutterstock/Oliver Foerstner.

Umschlagvorderseite: Glücksburg, Camping Schwennau (Thomas Kliem)
Umschlagrückseite: Küstenweg am Campingplatz Ostseesonne (S.36)

Die Deutsche Nationalbibliothek verzeichnet diese Publikation in der Deutschen Nationalbibliografie; detaillierte bibliografische Daten sind im Internet über http://dnb.d-nb.de abrufbar.

2. aktualisierte Neuauflage 2023

ISBN 978-3-7343-2026-2